PÄDAGOGIK Eine Einführung

PÄDAGOGIK · Eine Einführung

Herausgeber: Erich Weber

Bd. 1: Grundfragen und Grundbegriffe
Erich Weber

Bd. 2: Erziehungsmethoden
Horst Domke

Bd. 3: Erziehungsinstitutionen
Helmwart Hierdeis

Bd. 4: Erziehungsprobleme in der modernen Gesellschaft
Erich Weber

Autoren:

Weber, Erich, Dr. phil., Dipl.-Psychol., o. Prof., Universität Augsburg, Philosophischer Fachbereich I; 89 Augsburg, Memminger Straße 6

Domke, Horst, Dr. phil., Akademischer Rat, Universität Augsburg, Philosophischer Fachbereich I; 89 Augsburg, Memminger Straße 6

Hierdeis, Helmwart, Dr. phil., o. Prof., Universität Erlangen-Nürnberg, Fachbereich Erziehungs- und Kulturwissenschaften, 85 Nürnberg, Regensburger Straße 160

PÄDAGOGIK

Eine Einführung

Erziehungs-
methoden

Horst Domke

Für Sekundarstufe II und Grundstudium

Verlag Ludwig Auer Donauwörth

Vom Bayerischen Staatsministerium für Unterricht und Kultus unter Nr. 8/181 196/73 zum Gebrauch an Sozialwissenschaftlichen Gymnasien und in der Kollegstufe im Rahmen der Lernmittelfreiheit zugelassen.

Vom Bayerischen Staatsministerium für Unterricht und Kultus unter Nr. 3a/158 209/73 zum Gebrauch an Fachoberschulen im Rahmen der Lernmittelfreiheit zugelassen.

Für den Gebrauch in den Schulen des Landes Nordrhein-Westfalen vom Kultusminister genehmigt. I A 4. 82-1 L. Nr. 4.941/73

5. Auflage. 1975

Gesamtherstellung: Druckerei Ludwig Auer, Donauwörth
ISBN 3-403-00374-4

INHALT

Vorwort des Herausgebers 7

1. Kapitel: Erziehungsmethoden, Begriff und Problemstellung 11

1.1 Was sind Erziehungsmethoden? 12
1.1.1 Begriffsinhalt 12
1.1.2 Begriffsumfang 13
1.2 Bedingungen und Grenzen der Erziehungsmethoden 21
1.2.1 Die Person des zu Erziehenden 21
1.2.2 Die geschichtlich-kulturelle Lage 24
1.2.3 Erziehungsziele 24
1.2.4 Erziehungsinhalte 26
1.2.5 Grenzen der Erziehung 27

2. Kapitel: Erziehungspraktiken 30

2.1 Herstellung positiver emotionaler Beziehungen 30
2.1.1 Äußerungen der Wertschätzung 31
2.1.2 Äußerungen des Verstehens 33
2.2 Unterstützende Erziehungspraktiken 34
2.2.1 Lernen am Erfolg (durch positive Verstärkung) 35
2.2.2 Möglichkeiten der Erfolgsvermittlung 36
2.2.3 Probleme der Anwendung 37
2.3 Gegenwirkende Erziehungspraktiken 40
2.3.1 Vermeidungslernen (durch negative Verstärkung) 40
2.3.2 Probleme der Anwendung unter besonderer Berücksichtigung der Strafe 40
2.3.3 Wiedergutmachung und logische Folgen 43
2.3.4 Vergleich der Wirksamkeit unterstützender und gegenwirkender Erziehungspraktiken 44
2.4 Förderung der Einsicht 45
2.5 Dosierung und Zurückhaltung im Einsatz von Erziehungspraktiken 47
2.5.1 Modellverhalten des Erziehers 48
2.5.2 Signale 51

3. Kapitel: Erziehungsstile 53

3.1 Anmerkungen zur empirischen Stilforschung 54
3.2 Der autoritäre Erziehungsstil 59
3.2.1 Äußerungsformen 59
3.2.2 Auswirkungen und Kritik 65

3.3 Der antiautoritäre Erziehungsstil 69
3.3.1 Die liberale Form der antiautoritären Erziehung 69
3.3.2 Die sozialistische Form der antiautoritären Erziehung 75
3.3.3 Auswirkungen und Kritik 79
3.4 Der emanzipatorische Erziehungsstil 85
3.4.1 Autorität und Freiheit in der Erziehung 85
3.4.2 Äußerungsformen des emanzipatorischen Erziehungsstils 87
3.5 Schichtenspezifische Erziehungsstile 93
3.5.1 Schichtenspezifische Familienerziehung 93
3.5.2 Exkurs: Die Bedeutung schichtenspezifischer Sprachstile 97
3.5.3 Auswirkungen auf den Schulerfolg 99

Literatur 103

Sachregister 109

Vorwort des Herausgebers

In dieser Einführung wird *Pädagogik* als eine auf die Praxis bezogene, wissenschaftlich fundierte Theorie der Erziehung und der sie beeinflussenden, erzieherisch bedeutsamen Wirklichkeit verstanden. In ihr sind Aussagen der Erziehungslehre, die das praktische Handeln direkt regulieren will, und Aussagen der Erziehungswissenschaft, die sich um die Deskription, Analyse und Kritik sowohl der Erziehungswirklichkeit als auch der Erziehungslehre bemüht, miteinander zu verknüpfen und voneinander zu unterscheiden. Ohne auf die damit verbundenen wissenschaftstheoretischen Probleme näher eingehen zu können, sei wenigstens darauf hingewiesen, daß geisteswissenschaftliche, erfahrungswissenschaftliche und gesellschaftskritische Ansätze, sich gegenseitig ergänzend und korrigierend, einbezogen werden (vgl. zur Wissenschaftstheorie der Pädagogik z. B. W. Brezinka 1971a; O. F. Bollnow 1971; H. Blankertz 1971; W. Klafki *1971*).

Die vorliegende Einführung in die Pädagogik geht von folgender *Position* aus: Erstens betrachtet sie den Menschen und seine Erziehung aus sozialer und personaler Sicht; zweitens berücksichtigt sie die wechselseitige Bedingtheit von Gesellschaft und Erziehung; drittens stellt sie sich den aktuellen Aufgaben und Problemen der Gegenwart und Zukunft, ohne die Kontinuität der Überlieferung preiszugeben; viertens ist es die individuelle und gesellschaftliche Mündigkeit, die ihr theoretisches und praktisches Interesse ausmacht.

Als *Adressaten* dieser Einführung kommen vor allem die beiden folgenden Personenkreise in Frage: erstens Schüler der Sekundarstufe II, soweit sie in Fächern unterrichtet werden, die z. B. als „Pädagogik“ oder „Erziehungslehre“ bezeichnet werden, wie etwa in Fachoberschulen (Ausbildungsrichtung Sozialwesen) und Sozialwissenschaftlichen Gymnasien; zweitens Studierende, denen ein allgemeines, pädagogisches Grundstudium aufgegeben ist, sei es an Instituten zur Ausbildung von Pädagogischen Assistenten bzw. von Fachlehrern und an Fachhochschulen für Sozialwesen oder an Pädagogischen Hochschulen und Universitäten.

Die Ausführungen sind von folgenden *Absichten* bestimmt: Sie wollen erstens durch Einbeziehung der Erziehungsdimension in den allgemeinen Bildungshorizont zur Daseinserhellung und Handlungsorientierung beitragen; zweitens zum anspruchsvolleren wissenschaftlichen Studium der Pädagogik hinführen; drittens ein allgemeines Fundament für spezielle pädagogische Ausbildungsgänge legen; viertens auf das elterliche Erziehungsamt vorbereiten; fünftens Verständnis und Interesse für die Erzieherberufe wecken; sechstens durch Klärung der pädagogischen Situation den Schülern und Studierenden zu einem besseren Selbstverständnis verhelfen.

Der Gegenstand dieses einführenden, vierbändigen Lehrbuches läßt sich als *Allgemeine Pädagogik* bezeichnen. Es wird hier kein Anspruch auf systematische Vollständigkeit erhoben, jedoch eine Klärung der bedeutsamsten generellen Fragenkreise und der wichtigsten Grundbegriffe versucht, deren Verständnis für die Bewältigung aller speziellen pädagogischen Probleme theoretischer und praktischer Art erforderlich ist. Die Vermittlung von Rezepten im Sinne einer primitiven „Kochbuchpädagogik" wird abgelehnt, da diese die Erzieher angesichts der komplizierten, jeweils besonders gelagerten und sich rasch wandelnden pädagogischen Situationen im Stich läßt. Es werden vielmehr umfassende und prinzipielle Informationen und Orientierungen angestrebt, die jene vielseitigen und grundsätzlichen Einsichten ermöglichen, die den Erzieher befähigen, aus eigener Überlegung heraus begründet und verantwortlich zu handeln.

Ergebnisse der historischen und der vergleichenden Pädagogik sowie spezieller pädagogischer Disziplinen (etwa der Heilpädagogik, Sozialpädagogik, Wirtschaftspädagogik u. a. m.) werden nur gelegentlich und kurz herangezogen, wenn dies zur Klärung oder Konkretisierung allgemein bedeutsamer Probleme erforderlich ist. Im Rahmen dieser knappen Einführung kann auf Fragen der Forschungsmethoden, so wichtig sie sind, nicht näher eingegangen werden. Eine Einführung in die erziehungswissenschaftlichen Forschungsmethoden, insbesondere in ihre empirischen Verfahren, ist beiläufig nicht möglich, sondern erfordert umfangreiche und gründliche Studien, für die entsprechende Einführungen und Spezialliteratur zur Verfügung stehen (vgl. z. B. W. Mangold 1967; H. Röhrs 1968; P. Atteslander 1969; G. de Landsheere 1969; R. König, Hrsg., 1962 und 1969; R. Mayntz, u. a. 1971; K. Ingenkamp, Hrsg., 1970 und 1971).

Der *inhaltliche Aufbau* der vierbändigen Einführung in die Pädagogik entspricht folgenden Fragestellungen: I. Bd.: Warum ist Erziehung notwendig, wie weit ist sie möglich, was versteht man unter Erziehung, wie verhalten sich Gesellschaft und Erziehung zueinander, wozu wird erzogen? II. Bd.: Wie wird tatsächlich erzogen, welche Stilformen der Erziehung lassen sich unterscheiden, welche Erziehungspraktiken kommen dabei zur Anwendung, welche Wirkungen üben sie aus? III. Bd.: Warum wird Erziehung institutionalisiert und welche Probleme bringt dies mit sich, in welchen Erziehungsinstitutionen vollzieht sich die Erziehung, welche Reformen sind im Erziehungs- und Bildungswesen erforderlich? IV. Bd.: Wie läßt sich die gegenwärtige soziokulturelle Gesamtsituation aus pädagogischer Sicht charakterisieren, worin bestehen ihre erzieherischen Herausforderungen, welche aktuellen Probleme sind in den Bereichen der Berufs-, Konsum-, Freizeit- und Sexualerziehung zu bewältigen? Das gesamte Werk ist so aufgebaut, daß zunächst die allgemeinen „Grundfragen und Grundbegriffe" (I. Bd.) erörtert werden. Solche prinzipielle Überlegungen, die von fundamentaler Bedeutung für alle übrigen Bände sind, fallen unvermeidbar abstrakter und theoretischer aus als die konkreteren und stärker praxisbezogenen Ausführungen über die „Erziehungsmethoden“ (II. Bd.), die „Erziehungsinstitutionen“ (III. Bd.) und die aktuellen „Erziehungsprobleme in der modernen Gesellschaft“ (IV. Bd.).

Zur Benutzung des vierbändigen Lehrbuches sind folgende Hinweise erforderlich: Im Text verwendete wichtige Fachausdrücke und weniger gebräuchliche Fremdwörter werden erklärt. Auf die entsprechenden Definitionen, Umschreibungen und Erläuterungen wird im Sachregister durch Fettdruck der betreffenden Seitenzahlen hingewiesen. Wo die Darstellung durch weitere einschlägige Ausführungen ergänzt werden kann, wird auf diese durch in Klammern eingefügte Verweisungen aufmerksam gemacht. Das geschieht innerhalb eines Bandes durch die Angabe der Bezifferung des betreffenden Abschnittes[1], der im Inhaltsverzeichnis näher bezeichnet und durch die dort genannte Seitenangabe aufzufinden ist. Verweisungen auf andere Bände erfolgen durch deren Nennung (in römischen Ziffern)[2]. In diesen Bänden sind die betreffenden Textstellen mit Hilfe des Inhaltsverzeichnisses bzw. des Sachregisters aufzufinden. Quellenangaben und Literaturhinweise werden ebenfalls in Klammern eingefügt, wobei die erste Zahl hinter dem Verfassernamen stets das Erscheinungsjahr angibt. Mit Hilfe dieser Angaben kann die betreffende Publikation im Literaturverzeichnis gefunden werden. Die zweite Zahl hinter dem Komma bringt jeweils die Seitenangabe[3]. Eine gründlichere Einarbeitung in Spezialfragen, z. B. bei der Vorbereitung von Referaten, sollen die zahlreichen in den Text eingefügten Literaturangaben ermöglichen. Um aus der Fülle der Literaturangaben die Auswahl jener Schriften zu erleichtern, die zu den einzelnen Kapiteln als ergänzende und vertiefende Lektüre besonders geeignet erscheinen, sind bei den in Klammern eingefügten Literaturhinweisen die Jahreszahlen dieser nachdrücklich zu empfehlenden Publikationen durch Schrägdruck hervorgehoben.

Mit dem Dank an meine Mitarbeiter sei die Hoffnung verbunden, daß diese Einführung in die Pädagogik jene erzieherischen Orientierungs- und Entscheidungshilfen zu bieten vermag, die in unserer Lern- und Bildungsgesellschaft zunehmend erforderlich werden.

Erich Weber

---

1 z. B.: (vgl. 2.5.3)
2 z. B.: (vgl. II. Bd.)
3 z. B.: (Th. W. Adorno 1971, S. 109)

1. Kapitel: Erziehungsmethoden, Begriff und Problemstellung

Das Wort „Erziehungsmethode“ ist in der Umgangssprache eine durchaus geläufige, wenn auch recht unpräzise Bezeichnung für alle möglichen Verhaltensweisen von Erziehern in ihrem Umgang mit Kindern und Jugendlichen. In diesem Sinne kann man beispielsweise sprechen hören von den „modernen Erziehungsmethoden“ in einem Kindergarten, von den „strengen Erziehungsmethoden“ früherer Generationen oder von den „unmöglichen Erziehungsmethoden“ der Eltern eines verwahrlosten Jugendlichen.

Aber eigenartigerweise findet man innerhalb der pädagogischen Fachsprache diesen Ausdruck selten. Hier wird der Begriff „Methode“ zwar häufig in der Wortverbindung *„Unterrichtsmethode“* verwendet, aber kaum in der Wortverbindung *„Erziehungsmethode“*. Die Zurückhaltung im Gebrauch dieses Begriffes hat seine Gründe. Unter *„Methode“* versteht man seit jeher ein bewußtes, von Zielvorstellungen geleitetes schrittweises Vorgehen. Aber nicht immer und überall verstand und versteht man Erziehung in diesem Sinne. Wenn man, wie dies z. B. bei einigen Vertretern der Reformpädagogik der Fall war, irrationale Momente in den Vordergrund des Erziehungsgeschehens rückt und vornehmlich geheimnisvollen Energien eines seelischen Wachstums im Kinde oder mysteriösen Ausstrahlungskräften des Erziehers vertraut, dann bleibt zwangsläufig für den Gedanken an das Methodische nicht mehr viel Raum. Oder wenn man Erziehung in einer sehr weiten Begriffsfassung als „funktionales Geschehen“ begreift und ihr auch sämtliche unbeabsichtigten und ungeplanten Einflüsse der Umwelt zurechnet (vgl. auch Bd. I, 2.5.1), dann muß sich der Begriff „Erziehungsmethode“ als ein Widerspruch in sich selbst erweisen.

Der in diesem Band zugrundegelegte Begriff von Erziehung als beabsichtigte Enkulturationshilfe bzw. Lernhilfe (vgl. Bd. I, 2.5.1) ist jedoch mit dem Begriff des Methodischen vereinbar. Dieser Erziehungsbegriff schließt auch den Unterricht als eine durchorganisierte und institutionalisierte Form der Erziehung mit ein und von daher ist einzusehen, daß ebenso von „Erziehungsmethoden“ gesprochen werden kann, wie herkömmlicherweise bereits von „Unterrichtsmethoden“ gesprochen wird. Natürlich ist zuzugeben, daß die Praxis der außerschulischen Erziehung (z. B. die Familienerziehung) nicht oder noch nicht denselben Grad an Bewußtheit und Zielgerichtetheit besitzt, also nicht in demselben Maße methodisiert ist wie die Praxis des schulischen Unterrichts. Dies sollte jedoch kein Hinderungsgrund sein, den Terminus „Erziehungsmethode“ als Grundbegriff zu verwenden; denn prinzipiell ist jede Art von Erziehung methodisierbar, und dies allein ist ausschlaggebend. Mit der Verwendung dieses Begriffes verbindet sich auch eine gewisse Aufforderung dazu, der praktischen Erziehungsarbeit einen höheren Grad an Bewußtheit und planender Überlegung zu verleihen als dies gewöhnlich geschieht.

Selbstverständlich sind der Erziehung und dem rationalen Vorgehen auf diesem Gebiet Grenzen gesetzt; davon wird noch zu sprechen sein. Innerhalb dieser Grenzen aber sollten die Möglichkeiten des methodischen Vorgehens genutzt werden.

1.1 Was sind Erziehungsmethoden?

Wenn ein neuer Begriff zu erklären oder zu definieren ist, so kann man dies am besten auf zweierlei Art und Weise tun: erstens durch Angabe des Begriffsinhalts und zweitens durch Angabe des Begriffsumfangs (vgl. z. B. Menne, A., 1966, S. 23 f.). Was heißt das? Wenn man den *Begriffsinhalt* oder die Intension eines Begriffes angibt, umschreibt man das Gemeinte mit wenigen anderen und relativ abstrakten Begriffen. Man charakterisiert es durch *allgemeine Merkmale,* d. h. durch Merkmale, die immer gegeben sein müssen, wenn von dem Gemeinten die Rede ist. Was Wörterbuchdefinitionen angeben, ist in der Regel der Inhalt eines Begriffes. Wenn man hingegen den *Begriffsumfang*, den Anwendungsbereich oder die Extension eines Begriffes angibt, nennt man *konkrete Beispiele* für das Gemeinte; diese Beispiele müssen natürlich die allgemeinen Merkmale des Begriffes enthalten, sonst sind sie keine Beispiele desselben.
Hier geht es um den Begriff „Erziehungsmethode", der im folgenden nach Inhalt und Umfang bestimmt werden soll.

1.1.1 Begriffsinhalt

Methode ist „ein nach Sache und Ziel planmäßiges Vorgehen", lautet eine typische Wörterbuchdefinition (Brockhaus Enzyklopädie, Bd. 12, 1971). Ähnlich beschreibt Bochenski diesen Begriff: „Methode ist die Art und Weise, in irgendeinem Gebiet vorzugehen, d. h. unsere Tätigkeit zu ordnen, und zwar einem Ziel zuzuordnen" (Bochenski, I. M., 1965, S. 16). Auf die spezielle menschliche Tätigkeit des Erziehens übertragen, kann man den Methodenbegriff in Abwandlung und Ergänzung einer entsprechenden Begriffsbestimmung von Wolfgang Klafki (vgl. Klafki, W., 1970, Bd. 2, S. 129) folgendermaßen definieren: *Erziehungsmethoden sind Verfahrensweisen, mit denen Menschen gemäß dem Anspruch von Erziehungszielen und Erziehungsinhalten das Lernen anderer Menschen bewußt zu unterstützen versuchen.*
Dazu einige Erläuterungen: Zunächst muß darauf aufmerksam gemacht werden, daß der wissenschaftliche Terminus „Lernen" in einem sehr weiten Begriffsumfang verwendet wird und sich nicht nur auf das Erlernen von Kenntnissen und Fertigkeiten bezieht (vgl. Bd. I, 2.4). Weiter sollte durch den Definitionsversuch nicht der Eindruck entstehen, als könnten nur jene Handlungsweisen den Erziehungsmethoden zugerechnet werden, bei denen sehr anspruchsvolle und aufwendige Überlegungen angestellt werden über das jeweilige Erziehungsziel und über

die Tauglichkeit einer augenblicklichen Maßnahme. Dies kann, muß aber nicht so sein! Die Betonung liegt vielmehr auf dem *Bewußten und Absichtlichen.* Wer bewußt und absichtlich handelt, verfolgt ein Ziel, zumindest ein Teilziel, auch wenn er darüber nicht fortwährend reflektiert; er kann der Meinung sein, die geeignete Maßnahme getroffen zu haben, auch wenn er sich keine sehr gründlichen Gedanken über ihre Eignung gemacht hat. Was den Anspruch der zu vermittelnden Lerninhalte betrifft, so gilt ähnliches. Auch hier gibt es graduelle Unterschiede bezüglich Bewußtheit und Bemühen, den Sachverhalt angemessen zu vermitteln, ihm gerecht zu werden. Der letzte Teil des Definitionssatzes weist schließlich auf den Versuch der Hilfeleistung und Unterstützung beim Lernen hin. Daß nicht alles Lernen ohne Unterstützung gelingt, daß Lernhindernisse, die im Individuum und im Lerninhalt begründet sein können, immer wieder durch episodische oder langfristige Hilfen überwunden werden müssen, ist gar keine Frage. Fraglich bleibt jedoch, ob die Lernhilfe des Erziehers auch Erfolg hat. Wenn Wilhelm Flitner als „methodischen Imperativ" fordert, daß „die Begegnung mit dem Inhalt fruchtbar werden" und „zum Ziel führen" soll (Flitner, W., 1965, S. 22), dann darf man dies uneingeschränkt als wünschenswert akzeptieren, man wird jedoch das Erfolgskriterium nicht zum Definitionsmerkmal für den Begriff der Erziehungsmethode erheben können, sondern nur die Absicht, den Versuch. Wolfgang Brezinka hat den Erziehungsbegriff selbst u. a. als „Absichts-Begriff" mit „Versuchscharakter" gekennzeichnet und sich gegen den weit verbreiteten „Wirkungs-Begriff" gewandt (Brezinka, W., 1971, S. 584 ff. und 607 ff.). Erfolg und Mißerfolg — sofern in der Erziehung überhaupt kontrollierbar und feststellbar — können also bestenfalls Kriterien dafür sein, ob es sich um eine gute oder schlechte Methode gehandelt hat, nicht aber Kriterien dafür, ob das Vorgehen überhaupt als methodisch bezeichnet werden kann oder nicht. Auf einige begriffsinhaltliche Bestandteile der angegebenen Definition wird in diesem Kapitel noch ausführlich einzugehen sein, nachdem der Umfang des Begriffes „Erziehungsmethode" skizziert worden ist.

Im erziehungswissenschaftlichen Sprachgebrauch findet der Begriff *„Methodik"* häufige Verwendung (Methodik des Unterrichts). Unter Methodik versteht man gewöhnlich die systematische Darstellung von Erziehungs- und Unterrichtsmethoden, die Begründung und Empfehlung derselben und die Behandlung ihrer Probleme. In diesem Sinne kann der vorliegende Band über Erziehungsmethoden als eine Methodik bezeichnet werden.

1.1.2 Begriffsumfang

Welche Verfahrensweisen fallen unter den Begriff der Erziehungsmethode? Wie sieht konkret der Bereich an Möglichkeiten aus, für den das Wort „Erziehungsmethode" verwendbar sein soll? Um die Vielfalt der erziehungsmethodischen Verfahrensweisen zu ordnen, kann man von einer stark an Unterrichtsmethoden orientierten Grobgliederung ausgehen, nachdem ja der Unterricht die am weitesten methodisierte Form der Erziehung darstellt. Erziehungsmethode umfaßt

a) das Entwerfen und Befolgen von *Plänen*
b) das Entwerfen und Befolgen von *Lehrstufen*
c) die Organisation von *Sozialformen*
d) die Anwendung einzelner *Erziehungspraktiken*
e) den Einsatz *gegenständlicher Hilfsmittel* und die Herstellung *anderer lernwirksamer Umweltbedingungen.*

(Andere oder ähnliche Einteilungsvorschläge vgl. bei Schulz, W., 1965, S. 30 ff.; Klafki, W., 1970, Bd. 2, S. 135 ff.; Klafki, W., 1971, S. 742).

Es ist leicht zu erkennen, daß diese Klassifikation primär dem Zweck der theoretischen Unterscheidung und Darstellung dient, daß jedoch in der Erziehungspraxis die einzelnen methodischen Verfahrensweisen aufs engste miteinander verknüpft sein können. Es wird auch ersichtlich, daß zwischen sehr komplexen Formen des methodischen Vorgehens (z. B. Lehrstufen) und relativ einfach strukturierten Formen (z. B. einzelne Erziehungspraktiken) unterschieden werden muß. Es gilt nun, die genannten formalen Kategorien mit konkreten Beispielen zu füllen und zu veranschaulichen. Die Herkunft dieser Beispiele — besonders für den Bereich der drei erstgenannten Kategorien — wird auch deutlich machen, daß sich die Methodisierung der Erziehung in den Schulen und schulähnlichen Institutionen als weiter fortgeschritten, wesentlich anspruchsvoller und komplexer darstellt als die Methodisierung der außerschulischen Erziehung.

a) Das Entwerfen und Befolgen von Plänen

Noch vor jeder auf Erziehungsvorgänge gerichteten Planungsarbeit steht eine Phase verantwortlicher Entscheidungsprozesse. Wichtige Entscheidungen müssen getroffen werden über Ziele und Teilziele des Lernens im weitesten Sinne sowie über die Auswahl von Lerninhalten; dabei ist auf den Informationsstand der Lernenden sowie auf deren Lern- und Verstehensfähigkeit, die nur zum Teil altersbedingt sind, Rücksicht zu nehmen.

Zentrale Überlegungen richten sich dann auf *die ausgewählten Inhalte, die innerhalb einer größeren oder kleineren Zeiteinheit an einen bestimmten Personenkreis vermittelt werden sollen.* Vor allem gilt es, *den Gesamtinhalt in sinnvolle Teilinhalte zu zerlegen und diese einem detaillierten Zeitplan zuzuordnen.* In diesem Sinne verfahren z. B. Lehrplankommissionen methodisch, welche die allgemeinen stofflichen Richtlinien für eine bestimmte Schulgattung und deren Schülerjahrgänge entwerfen, methodisch verfahren auch die einzelnen Lehrer, welche sich daran orientieren und den Stoffverteilungsplan eines Faches für ein Schuljahr oder eine Unterrichtswoche ausarbeiten, die Lehrenden an Volkshochschulen oder Universitäten, welche ihre Semesterveranstaltungen wie Vorlesungen, Seminare, Übungen oder Kurse vorbereiten usw. Im kleinen Maßstab fällt auch die Planung einer einzelnen Unterrichtsstunde unter diesen Gesichtspunkt, sofern Überlegungen im Mittelpunkt stehen, welche die Auswahl und zeitliche Zuordnung kleinster Informationseinheiten betreffen. Wenn auch methodische Überlegungen der geschilderten Art und entsprechendes Vorgehen in der Praxis hauptsächlich auf den schulischen Erziehungsbereich beschränkt bleiben, so läßt sich dennoch der dahinterstehende Kerngedanke auf Erziehung überhaupt übertragen. „Die methodische Hilfe besteht zu einem wesentlichen Teil darin, den komplexen Inhalt zu zerlegen und die besonderen Schritte einzeln zu tun, die den Gesamtinhalt konstituieren", schreibt Wilhelm Flitner und bezeichnet dies als den „ersten methodischen Grundsatz" (Flitner, W., 1965, S. 28).

b) Das Entwerfen und Befolgen von Lehrstufen

Komplexe erziehungsmethodische Überlegungen können sich schwerpunktmäßig auch an den *psychologischen Prozessen des Lernens orientieren, aus denen man allgemeingültige Konzepte des Lehrens abzuleiten versucht.* Solche Konzepte gliedern sich in Schritte oder Stufen, die in der richtigen Reihenfolge und ohne Ausnahme beschritten werden und in nahezu jeder Art des Unterrichts erkennbar werden sollen. Die Ausgangsfrage für solche Überlegungen läßt sich folgendermaßen stellen: „Gibt es für ein zielgerichtetes Lernen eine allgemeine, ‚gesetzmäßige' Folge von typischen Lernakten, die der Schüler vollziehen muß, wenn er die Ziele des Lernens erreichen soll, und gibt es dementsprechend eine Stufenfolge, nach der der Lehrer seinen Unterricht aufbauen muß, wenn er den Lernvorgang des Schülers in optimaler Weise lenken oder ermöglichen will?" (Klafki, W., 1970, 2. Bd., S. 141). Der Versuch, diese Frage zu beantworten, hat das unterrichtsmethodische Denken des 19. Jahrhunderts beherrscht.
Größten Einfluß bis in die ersten Jahrzehnte des 20. Jahrhunderts hatte Johann Friedrich Herbarts (1776—1841) *Formalstufentheorie.* Diese fußt auf einer Psychologie, welche einseitig das Element der Vorstellung in den Mittelpunkt stellt. Demzufolge entspringen auch Gefühle und Motive bestimmten Vorstellungsverbindungen, ebenso das sittliche Handeln. Eine Erziehung, die sich auf diese Vorstellungspsychologie beruft, hat dann vornehmlich für die Vielseitigkeit und Ordnung der kindlichen Vorstellungswelt zu sorgen. Die Formalstufen des Unterrichts versuchen dem gerecht zu werden: Zunächst ist stets Klarheit über einen einzelnen neuen Sachverhalt herzustellen („Vertiefung"), anschließend muß diese neue Vorstellung in den bereits bestehenden Gedankenkreis eingeordnet werden („Besinnung"). Dies führt zu folgender detaillierter Stufung:

1. Klarheit (in der Vorstellung über einen einzelnen neuen Sachverhalt)
2. Assoziation (Verbindung neuer mit alten Vorstellungen)
3. System (Einordnung in größere geistige Zusammenhänge, Gliederung vieler Vorstellungen, Hervorhebung von Hauptgedanken)
4. Methode (Wiedererkennen und Anwendung der Hauptgedanken in anderen Zusammenhängen)

Schüler und spätere Anhänger Herbarts haben dieses Formalstufensystem bzw. seine Varianten dogmatisch und starr auf jede Form von Unterricht angewendet. Gegen diesen Schematismus, vor allem aber gegen die Vernachlässigung der Selbsttätigkeit des Schülers beim Lernprozeß wendete sich die Kritik der Reformpädagogen. So hat Georg Kerschensteiner (1854—1932) u. a. für die Schule die Bedeutung des handwerklichen Tätigseins neu erschlossen, welches auf der vierten Operationsstufe, wie keine andere Arbeit sonst, eine hervorragende Gelegenheit der Selbstprüfung anhand des Arbeitsproduktes bietet. Hugo Gaudig (1860—1923) und Otto Scheibner (1877—1961) versuchten sogar dem Schüler selbst Verfahrenstechniken und eine gültige Stufenfolge für eine *selbständige geistige Arbeit* in der Schule zu vermitteln. Ihre Verlaufsstruktur lautet:

1. Arbeitszielsetzung durch den Schüler
2. Arbeitsmittel werden ausgesucht, geprüft, geordnet
3. Arbeitsplan wird entworfen, in Schritte gegliedert
4. Arbeitsschritte werden ausgeführt
5. Arbeitsergebnis wird gesichert, beurteilt, eingeordnet und ausgewertet.

Auf weitere reformpädagogische Ansätze, die ihren Niederschlag in Lehrstufenkonzepten fanden, kann an dieser Stelle nicht eingegangen werden (vgl. dazu die Übersicht bei Dolch, J., 1969, S. 97; oder die Darstellungen bei Geißler, G., 1970; Scheibe, W., 1969).

In jüngster Zeit hat Heinrich Roth bei einer Verarbeitung der sehr umfangreichen lernpsychologischen Literatur ein überzeugendes und sehr flexibles Modell der Lernschritte entworfen, an denen der Erzieher seine Lernhilfen auszurichten vermag:

1. Stufe der Motivation
2. Stufe der Schwierigkeiten
3. Stufe der Lösung
4. Stufe des Tuns und Ausführens
5. Stufe des Behaltens und Einübens
6. Stufe des Bereitstellens, der Übertragung und Integration des Gelernten.

Diese abstrakte Stufenfolge erschließt sich in ihrem erziehungspraktischen Wert jedoch erst bei der Lektüre der Originalliteratur, weil sie sehr verschiedenartige Prozesse des Lernens und entsprechend verschiedenartige Möglichkeiten der Lernhilfe in sich einschließt, die anhand konkreter Beispiele gut veranschaulicht werden (Roth, H., *1965*, S. 179—294).

c) Die Organisation von Sozialformen

Erziehung oder Lernhilfe im weitesten Sinne vollzieht sich stets im Rahmen zwischenmenschlicher Beziehungen, in sozialen Interaktionen. Es kann nun von erheblicher methodischer Bedeutung sein, in *welcher Form und in welchem Ausmaß die am Lehren und Lernen beteiligten Personen aufeinander bezogen*

sind, mit wem und durch wen gelernt wird (vgl. Klafki, W., Bd. 2, 1970, S. 143 ff.). Einige wichtige Sozialformen der Erziehung seien kurz genannt.
Schulisches Lernen in seiner traditionellen Form wurde und wird teilweise noch vom sog. *Frontalunterricht* beherrscht. Alle Aufmerksamkeit soll sich auf den frontal vor der Klasse stehenden Lehrer konzentrieren. Denn nur von ihm und über ihn kann bei dieser Sozialform etwas gelernt werden; vortragend vermittelt er den Unterrichtsstoff bzw. durch das Frage-Antwort-Spiel lenkt er den Erkenntnisfortschritt. Soziale Interaktionen beschränken sich einseitig auf die Lehrer-Schüler-Beziehung, Interaktionen zwischen Schülern werden nicht gestattet.

Wie im Frontalunterricht stellt auch im sogenannten *Unterrichtsgespräch* die gesamte Klasse die soziologische Grundeinheit dar, in der gelernt wird. Der Lehrer ist aber nicht mehr allein Angelpunkt des Gesprächs, auch wenn er noch mehr oder minder eine gesprächsleitende und korrigierende Funktion beibehält. Hier werden autoritäre Führungsstrukturen abgebaut, die Schüler stärker zu eigener Initiative und zu gegenseitiger Kommunikation aktiviert, d. h. der Erkenntnisfortschritt folgt mehr dem Gedankengang der Schüler, die sich im Gespräch einander direkt zuwenden, einander fragen, bitten, antworten und kritisieren können. Die gebührende Pflege dieser Sozialform gehört u. a. zu den Kennzeichen eines modernen Unterrichts (vgl. Stöcker, K., *1960,* S. 150—164).

Letzteres gilt auch für die sogenannte *Gruppenarbeit.* Hier wird der Klassenverband für die Dauer zeitlich begrenzter Arbeitsphasen in Gruppen (Tischgruppen) aufgelöst. Diesen Gruppen kann zur Bearbeitung entweder dasselbe Thema (arbeitsgleicher Gruppenunterricht) oder es können ihnen jeweils verschiedenartige Themen (arbeitsteiliger Gruppenunterricht) zugewiesen werden. Die von den Gruppen erarbeiteten Ergebnisse sollen der übrigen Klasse mitgeteilt, einander gegenübergestellt und in größere Zusammenhänge eingeordnet werden. Diese Sozialform vermag vor allem die Selbständigkeit im Bereich des Lernens und Problemlösens und die Kooperationsfähigkeit in der Gruppe zu fördern (vgl. Walz, U., 1960; Meyer, E., 1964; Dietrich, G., 1969; Meyer, E., Hrsg., 1970).
Die Arbeit in der Zweier-Gruppe, die sogenannte *Partnerarbeit,* dient besonders der gegenseitigen Korrektur von Aufgaben, dem Üben, dem gegenseitigen Abfragen, Helfen und Erklären.
Schließlich sind in der Schule neben den Prüfungsaufgaben auch zahlreiche Lernaufgaben zu bewältigen, für welche die sogenannte *Einzel- oder Alleinarbeit* besonders geeignet ist.
Die Wahl bestimmter Sozialformen kann abhängig sein vom Erziehungsziel; so legt z. B. das Ziel der Kooperationsfähigkeit die Gruppenarbeit nahe; sie kann abhängig sein vom Inhalt des Stoffes, der z. B. nur bei genügendem Problemgehalt Anreiz für ein Unterrichtsgespräch bietet, von der sozialen Reife der Schüler, von der Beherrschung vorher einzuschulender Diskussionsverfahren und Arbeitsmethoden, vom Vorhandensein geeigneter Lernmittel u. a. mehr.

Auch in der außerschulischen Erziehung hat man seit längerem die methodische Bedeutung der Sozialformen zu berücksichtigen begonnen. Bei der sozialpädagogischen Methode der *Einzelhilfe* (im engeren fürsorgerischen Sinne auch *social case work*) stehen sich in der Regel ein Erzieher und ein im weitesten Sinne der Lernhilfe Bedürftiger gegenüber. Zur Einzelhilfe zählen zunächst institutionalisierte Formen der Beratung, in denen Diagnosen gestellt und Empfehlungen ausgesprochen werden (z. B. Berufsberatung, Eheberatung, besonders auch Erziehungsberatung), des weiteren die sogenannte Erziehungsbeistandschaft (früher Schutzaufsicht), die bei drohender Verwahrlosung eines Jugendlichen vom Jugendamt oder Jugendgericht bestellt wird. Der Erziehungsbeistand, in der Regel ein Fürsorger (Fürsorgerin), übernimmt wichtige erzieherische Funktionen. Eine weitere Form der Einzelhilfe ist schließlich die sogenannte Bewährungshilfe, die bei bereits gegebener Straffälligkeit des Jugendlichen eingesetzt wird und zwar dann, wenn von Jugendstrafe abgesehen oder der Jugendliche auf Bewährung entlassen wird. Der Bewährungshelfer hat ähnliche Aufgaben wie der Erziehungsbeistand (vgl. Mollenhauer, K., 1964, S. 307 ff.; ders. 1968, S. 21 ff.).

Die sogenannte *Gruppenpädagogik (social group work)* wird in den verschiedensten Formen in den Bereichen der Jugendarbeit, der Heimerziehung, in der Altenfürsorge, im Strafvollzug, in Fortbildungskursen, in Kliniken u. a. Institutionen praktiziert. Zwei Prinzipien gilt es in der Gruppenpädagogik besonders zu berücksichtigen: Erstens soll „von der Bedürfnis- und Interessenlage der in einer Gruppe verbundenen Individuen" und „nicht vom institutionell Verlangten oder gesellschaftlich gerade Gebotenen" ausgegangen werden und zweitens sollen „relativ herrschaftsfreie Räume für Lernprozesse geschaffen werden können" (Mollenhauer, K., 1968, S. 42; vgl. über soziale Gruppenarbeit besonders Konopka, G., *1968*).

d) Erziehungspraktiken

Komplexe erziehungsmethodische Vorgehensweisen, wie sie bisher dargestellt wurden, enthalten zumeist eine Vielzahl *einzelner konkreter Praktiken,* welche ebenfalls unter dem Anspruch des Methodischen stehen können. *Sofern sie bewußt und absichtlich eingesetzt werden, verdienen sie die Bezeichnung „Erziehungspraktiken"*. Sicherlich wird es in der Erziehungswirklichkeit nicht möglich sein, jeder Einzelaktivität weitläufig methodische Überlegungen zugrunde zu legen, es wird auch von außen kaum kontrollierbar sein, welchen Grad an Rationalität und Zielorientiertheit das Verhalten eines Erziehers besitzt; es ist aber wichtig zu erkennen, daß sich ein pädagogischer Erfolg aus vielen kleinen Einzelschritten ergibt und daß es auf deren methodische Qualität ebenso ankommt wie auf die Qualität komplexerer Verhaltensgefüge.

Anders als die bisher behandelten methodischen Vorgehensweisen werden einzelne Erziehungspraktiken grundsätzlich immer und überall angewendet, wo er-

zogen wird. Ihr Einsatz beschränkt sich also nicht auf die Schule oder andere Formen berufsmäßiger Erziehung, sondern erstreckt sich auf alle Möglichkeiten erzieherischer Einflußnahme, auch wenn sich diese im Leben eines Menschen nur beiläufig und gelegentlich ergeben.
Ohne jeglichen Anspruch auf Vollständigkeit seien aus der Vielzahl erzieherischer Aktivitäten oder Praktiken nur einige Beispiele aufgeführt, wobei es schwerfällt, diese einigermaßen trennscharf zu untergliedern: Erziehungspraktiken mit vorwiegend *informierendem* Charakter sind z. B. das Erzählen, Vorlesen, Berichten, Erklären, Ergänzen, Zusammenfassen, Wiederholen u. a.; manche dieser Praktiken können aber gleichzeitig auch von *anregender oder motivierender* Bedeutung sein; unter diese zweite Kategorie fallen vor allem das Vormachen, Vorzeigen, Stellen von Problem- und Entscheidungsfragen, Ermuntern, Anregen, Beraten, Empfehlen, Bitten, Mahnen. Dabei dürfte es fließende Übergänge geben zu den mehr *vorschreibenden und nötigenden* Praktiken, auf die nicht immer verzichtet werden kann: Auftragen (z. B. von Hausaufgaben), Anordnen, Kontrollieren, Beaufsichtigen, Befehlen, Drohen, Zwingen. Große Bedeutung kommt solchen Praktiken zu, die vorwiegend *bewertenden* Charakter haben; bewertet werden Handlungen und Kenntnisse, die vorausgehend vom Erzieher beobachtet oder geprüft wurden. Positiv bzw. negativ bewertende Praktiken sind Benoten, Zustimmen, Anerkennen, Billigen, Loben, Belohnen bzw. Ablehnen, Mißbilligen, Tadeln, Bestrafen. Die besondere pädagogische Tragweite dieser bewertenden Praktiken besteht darin, daß sie Erfolgs- bzw. Mißerfolgserlebnisse vermitteln und damit das künftige Verhalten des zu Erziehenden erheblich beeinflussen. Es wäre jedoch sehr leichtfertig anzunehmen, man müßte jedes erwünschte Verhalten positiv und jedes unerwünschte Verhalten konsequent negativ bewerten, um am zuverlässigsten zu einem Erziehungserfolg zu gelangen; darüber wird noch zu sprechen sein (vgl. S. 36 ff.; S. 40 ff.).
Bei fast allen Erziehungspraktiken wird im übrigen deutlich, wie sehr Erziehung im konkreten Vollzug auf Sprache angewiesen ist (vgl. S. 97 ff.).

e) Gegenständliche Hilfsmittel und andere lernwirksame Umweltbedingungen

So sehr Erziehung auch auf sozialer Interaktion beruht, so wenig erschöpft sie sich darin. Erzieherische Aktivität zeichnet sich häufig gerade dadurch aus, daß materiale Lernhilfen ausgewählt und dargeboten werden oder daß auch die soziale Umwelt des zu Erziehenden auf planvolle Weise gestaltet wird, damit erwünschte Lernprozesse stattfinden können. Während des Lernvorganges selbst kann dann der Erzieher weitgehend oder völlig in den Hintergrund treten.
Was die gegenständlichen Hilfsmittel des Lernens betrifft, so ist zumindest im schulischen Unterricht methodisches Vorgehen ohne ihren Einsatz gar nicht vorstellbar; und für die Zukunft läßt sich durch intensivere Verwendung modernen Lernmaterials und technischer Medien geradezu eine revolutionäre Veränderung

der Unterrichtsgestaltung erwarten. Aber auch in der außerschulischen Erziehung ist der gezielte Einsatz gegenständlicher Gebilde üblich und bedeutsam. *Unter gegenständlichen Hilfsmitteln werden hier sinnlich wahrnehmbare Dinge verstanden, die einen Lerninhalt vermitteln oder zumindest partiell vermitteln helfen.* Darunter fallen zunächst alle Gegenstände, die als Beispiele oder Muster für den Lerninhalt selbst aufgefaßt werden können: in den Unterricht mitgebrachte Pflanzen, präparierte Tiere, Gesteinssammlungen, Werkzeuge, Geräte, Maschinen usw.; andere Unterrichtsrequisiten haben mehr Modellcharakter: Abbildungen, Landkarten, Globen, Reliefs, Miniaturmodelle, welche z. B. die Funktion von Siedlungen, Gebäuden oder Maschinen veranschaulichen; auch physikalische Apparaturen oder chemische Materialien zum Zwecke des Experimentierens, Utensilien für den Werk- und Kunstunterricht, Geräte für den Sportunterricht gehören hierher; schließlich auch der weite Bereich der herkömmlichen Medien wie Bücher, Zeitschriften und Zeitungen und der modernen technischen Medien wie Radio-, Film-, Tonband- und Fernsehgeräte, Vermittler der programmierten Unterweisung und das Sprachlabor. Man kann unterscheiden, ob sich solche Dinge vorwiegend für den Gebrauch einer lehrenden Person (*Lehrmittel*) oder mehr für den Gebrauch einer lernenden Person (*Lernmittel)* eignen (vgl. Döring, K. W., 1969; Döring, K. W., Hrsg., *1971*; Kerstiens, L., *1971*).

Im außerschulischen Erziehungsbereich fällt neben dem Einsatz einiger bereits genannter Vermittler (z. B. Rundfunk, Fernsehen, Sachbücher) vor allen Dingen das gezielte Angebot lernwirksamer Spielmaterialien unter die vorliegende Kategorie. Ein bedeutsames Feld erzieherischer Möglichkeiten ergibt sich hier für die Eltern. Beispielhaft seien erwähnt die verschiedenartigsten technischen Baukästen (zur Förderung des technischen Verständnisses), Mosaik-, Steckspiele oder Malutensilien (Phantasie, Kreativität), Zahlen- und Leselottos, Kinderquartette und Bilderbücher (Begriffsbildung); selbst das Stofftier, der Holzbaustein, die Gummipuppe und viele andere Dinge, welche das Kleinkind in die Hand nimmt oder in den Mund steckt, vermitteln erste grundlegende Umwelterfahrungen und können planvoll eingesetzt werden. Gemäß der gegenwärtig hoch bedeutsamen vorschulischen Begabungsförderung bieten Spielwaren- und Lehrmittelindustrie vielseitige Materialien und Lernspiele auch für die familiäre Vorschulerziehung an.

Vergleicht man die bereits dargestellten Erziehungspraktiken mit dem Einsatz gegenständlicher Hilfsmittel, vor allem mit den selbständig zu handhabenden Lernmitteln, so tritt ein struktureller Unterschied zutage, nämlich der *Unterschied zwischen direkter und indirekter Erziehung* (vgl. auch Bd. I, 2.5.1). Während im ersten Falle der Erzieher Lernhilfe gibt bzw. erzieht, indem er mit dem zu Erziehenden in unmittelbarer Interaktion steht und in Interaktion bleibt, nimmt der Erzieher im zweiten Fall vorwiegend eine organisierende und das Lernen eröffnende Funktion ein. Der Lerninhalt wird vorwiegend durch den Gegenstand vermittelt, nicht durch den Erzieher selbst; dieser tritt in den Hinter-

grund und betreibt eben insofern keine direkte Erziehung mehr, sondern nur noch eine indirekte.
Indirekte Erziehung ist jedoch noch mehr als nur die Auswahl und das Bereitstellen von Gegenständen und Medien, die das Lernen fördern. *Indirekte Erziehung bedeutet jegliche Art planvoller Herstellung oder Beeinflussung von Umweltsituationen sowie das Hineinstellen des zu Erziehenden in gegebene Umweltsituationen, mit der Absicht, dadurch besonders förderliche Lernbedingungen zu schaffen.* Während des Lernaktes selbst ist dann der Erzieher nicht oder kaum als Vermittler beteiligt, sondern es ist die Sache, die soziale Umwelt, die Situation, an der gelernt wird. In diesem Sinne praktizieren Eltern indirekte Erziehung, wenn sie z. B. dafür sorgen, daß ihr Kind einer Jugendgruppe beitritt, wenn sie eine Kinderparty initiieren und organisieren oder ihr Kind auf eine interessante Urlaubsreise mitnehmen, weil sie die Erfahrungen, welche das Kind dabei sammeln kann, für wertvoll halten.

1.2 Bedingungen und Grenzen der Erziehungsmethoden

Im vorausgehenden Abschnitt wurde versucht, den Umfang des Begriffes „Erziehungsmethode“ zu skizzieren bzw. einen Einblick in die Vielzahl an Möglichkeiten erziehungsmethodischen Vorgehens zu gewähren und diese Möglichkeiten zu systematisieren. Nach dieser Darstellung muß zumindest angedeutet werden, welche Bedingungen es um der Verbesserung der Methode willen zu beachten gilt und welche Grenzen der Erziehung gesetzt sind, damit voreiliger Optimismus und mißerfolgsbedingte Resignation vermieden werden.
Vier bedeutsame Bedingungsfelder sind zu unterscheiden: die Person des zu Erziehenden, die geschichtlich-kulturelle Lage, die Erziehungsziele und die Erziehungsinhalte. In der Person des zu Erziehenden liegen individual- und alterspsychologische Bedingungen vor, die es nach Möglichkeit zu erkennen und zu berücksichtigen gilt. Die jeweilige geschichtlich-kulturelle Lage setzt Bedingungen, die das erzieherische Handeln stark beeinflussen, auch wenn sie gar nicht ins Bewußtsein des Erziehers dringen. Die Erziehungsziele und -inhalte schließlich bestimmen ebenfalls das methodische Vorgehen mit, wobei diese Bedingungen im Hinblick auf ihre Auswahl zum Teil in den Entscheidungsbereich des Erziehers fallen.

1.2.1 Die Person des zu Erziehenden

Die Qualität und Effektivität jeder Art von Hilfe hängt stets mit davon ab, ob und in welchem Maße der jeweilige Zustand, die aktuellen Schwierigkeiten auf seiten des Hilfebedürftigen erkannt werden. Dies trifft auch für den Fall der Lernhilfe zu.

Man kann beispielsweise mit Recht der Meinung sein, zum Erlernen von Selbständigkeit und Verantwortung müsse man einem Kinde regelmäßig Gelegenheiten zur freien Selbstentscheidung geben; man wird jedoch für einen Fünfjährigen andere Möglichkeiten bereitstellen als für einen Zehnjährigen. Oder man kann der Meinung sein, Tadel und Strafe seien u. a. sinnvolle Mittel der Verhaltenssteuerung; einem erfolglosen Schüler gegenüber wird jedoch der verständnisvolle Lehrer diese Mittel kaum permanent anwenden.

Das jeweilige Alter, der Entwicklungsstand, das bisherige Lebensschicksal, die Lernerfahrungen im häuslichen Milieu, im Kindergarten und in der Schule, das alles sind Ausgangsdaten, welche den augenblicklichen Stand der Bedürfnisse, Interessen, Einstellungen, Kenntnisse und Fertigkeiten des zu Erziehenden stark beeinflussen, und zwar in jeweils individueller Ausformung. Diese Individuallage des einzelnen sollte die Erziehung berücksichtigen.

Für die Erziehung wertvolle Aufschlüsse über den Entwicklungsstand von Kindern und Jugendlichen kann die *Entwicklungspsychologie* geben. In diesem Forschungszweig war man jedoch lange Zeit der falschen Ansicht, daß die seelisch-geistige Entwicklung bei allen menschlichen Individuen relativ einheitlich verlaufe, daß Entwicklungsfortschritte ziemlich eng an bestimmte Altersstufen gebunden seien. Dies gilt zweifellos für die körperlichen Reifungsvorgänge. In der neueren alterspsychologischen Forschung berücksichtigt man jedoch, daß die Entwicklung im emotionalen (auf Gefühle bezogen) und kognitiven Bereich (auf Erkenntnis bezogen) sehr stark von milieubedingten Lernreizen und -angeboten abhängen, die von Individuum zu Individuum, von Familie zu Familie, von Sozialschicht zu Sozialschicht (vgl. S. 93 ff.), von Kultur zu Kultur sehr unterschiedlich, reich oder mangelhaft, ausfallen können. Wie die Begabung (vgl. Roth, H., Hrsg., 1969; auch Bd. I, 1.2.3) so sind auch der geistige Entwicklungsfortschritt und die geistige Reife Phänomene, die sehr stark von soziokulturellen Bedingungen abhängen. Wo diese Zusammenhänge ignoriert werden, wo man an herkömmlichen Altersstufentheorien festhält, kann man mit Hermann Giesecke „bequeme Rechtfertigungen für das bestehende Schulwesen und für Lehrer, die nicht mehr umlernen wollen", vermuten (Giesecke, H., 1969, S. 29). Die Berücksichtigung der soziokulturellen Komponenten gestattet der Entwicklungspsychologie natürlich keine präzis altersspezifischen und verallgemeinerungsfähigen Aussagen mehr. Moderne entwicklungspsychologische Darstellungen — weiterhin um verallgemeinerungsfähige Sätze bemüht — sind formaler und abstrakter, dafür aber auch undogmatischer (vgl. Oerter, R., 1970; Ausubel, D. P., 1968). Damit liegt gegenwärtig ihre große Bedeutung für die Erziehungspraxis mehr in der Eröffnung der Problemsicht als in ihrer unmittelbaren und vordergründigen Verwertbarkeit für die Normierung dessen, was man von einem Jugendlichen eines bestimmten Alters erwarten und verlangen darf.

Wenn an der Forderung, erziehungsmethodisches Vorgehen müsse sich an den alterspsychologischen Bedingungen des zu Erziehenden orientieren, festgehalten werden soll, dann bedeutet dies, daß der Erzieher selbst mit herausfinden und mit entscheiden muß, was vom einzelnen oder von einer Gruppe schon gelernt werden kann und soll. Generelle Altersnormen mögen bestehen und gesetzt werden (z. B. ein Kind hat mit zwei Jahren sauber zu sein!), der Erzieher muß jedoch von Fall zu Fall prüfen, ob derartige Ansprüche überfordern oder unterfordern. Seinem methodischen Verhalten müssen stets Fragen vorausgehen: Welche Kenntnisse und Fertigkeiten sind vorhanden und gesichert, worauf kann weiter aufgebaut werden? Welche Bedürfnisse und Interessen sind erkennbar, welche können zur Lernmotivation nutzbar gemacht werden? Welche moralischen Verhaltensnormen sind bereits verinnerlicht und werden eingehalten, welche gilt es als nächste zu fördern? Wieweit sind Selbständigkeit, soziale Kontaktfähigkeit oder Verantwortung für Sachen und Mitmenschen ausgebildet? Derartige Fragen lassen sich selten eindeutig beantworten, aber sie müssen gestellt werden.

Damit ergibt sich für den Erzieher immer wieder das Problem der *Verfrühung* bzw. das der *Verspätung*. Was die Verfrühung betrifft, so läßt sich diese in einem gewissen Ausmaß gar nicht vermeiden, sie ist sogar notwendig. Es kann nämlich nicht immer abgewartet werden, bis sich Motivation und Interesse für bestimmte Lernleistungen von selbst einstellen. Häufig werden solche Interessen erst dann erkennbar, nachdem die Bewältigung von Aufgaben gefordert wurde und gewisse Anfangsschwierigkeiten überwunden werden konnten. Auch manche Begabung (z. B. für Sprachen, Klavierspiel) sind erst dann feststellbar, wenn auf dem entsprechenden Lerngebiet Anfangsleistungen erbracht worden sind. Hier zeigt sich, daß auf Verfrühungen im positiven Sinn der Vorwegnahme nicht verzichtet werden kann. Eine andere Form der Verfrühung liegt vor, wenn das Kind Dinge sieht, hört oder erklärt bekommt, die es noch nicht versteht; dagegen ist es insofern ausreichend immunisiert, als es einfach seine Aufmerksamkeit abzieht und anderen Dingen zuwendet. Dies läßt sich z. B. häufig bei ins Detail gehender Sexualaufklärung jüngerer Kinder beobachten. Überfordernde Verfrühungen massiver Art sind jedoch immer dann gegeben, wenn Lernleistungen gewaltsam erzwungen werden, die in einer späteren Altersphase ohne größere Schwierigkeiten bewältigt werden könnten. Ein aktuelles Beispiel dafür ist der Zwang, der im Hinblick auf das vorschulische Lesenlernen von manchen ehrgeizigen Eltern auf ihre Kinder ausgeübt wird; dies spricht keineswegs gegen frühes Lesenlernen, sondern nur gegen rigoroses Vorgehen. Überfordernde Verfrühung liegt auch dann vor, wenn dem Kinde Verantwortung übertragen wird und es sich wiederholt erweist, daß es dieser Verantwortung noch nicht gewachsen ist (z. B. bei Beaufsichtigung von jüngeren Geschwistern). Abschließend läßt sich sagen, daß Verfrühungen zumeist rechtzeitig erkannt und abgestellt werden können, daß der Schaden von Verspätungen jedoch schwer wiedergutgemacht werden kann.

1.2.2 Die geschichtlich-kulturelle Lage

Kulturen variieren geschichtlich und regional. Der jeweilige Charakter einer Kultur bestimmt weitgehend die Lebensform des Menschen und läßt nur Spielräume innerhalb gewisser Rahmenbedingungen. Auch das erziehungsmethodische Vorgehen ist diesen Bedingungen ausgesetzt, sowohl auf direkte als auch auf indirekte Weise. Diese Art von Bedingungen werden dem Erziehungspraktiker zumeist gar nicht bewußt, er fügt sich ihnen als tradierten Selbstverständlichkeiten.

Der *direkte* Einfluß geschichtlich-kultureller Voraussetzungen wird beispielhaft deutlich im Bereich der Erziehungspraktiken und im Bereich des Einsatzes von gegenständlichen Lehr- und Lernmitteln. So kann unreflektierten Einstellungen und Bräuchen gemäß z. B. die sexuelle Erziehung von Kindern sehr unterschiedlich ausfallen, worüber in der modernen Kulturanthropologie viel Vergleichsmaterial zu finden ist; auf diesem Gebiet läßt sich derzeit auch in unserer eigenen Kultur ein Wandel feststellen. Man denke aber auch an die Abschaffung der körperlichen Züchtigung in unseren Schulen u. ä. Wie stark die erziehungsmethodischen Möglichkeiten vom technischen Fortschritt direkt abhängen, manifestiert sich am Angebot technischer Lernhilfen und Medien in besonderer Weise.

Der *indirekte* Einfluß der geschichtlich-kulturellen Situation über andere Bedingungsfelder auf die Erziehungsmethoden ist erheblich. Die zunehmenden Erkenntnisse über den Menschen, besonders auf medizinischem, psychologischem und soziologischem Gebiet haben die Erziehung beeinflußt und sollten sie noch stärker als bisher beeinflussen. Der jeweils kulturspezifische Stand des Wissens (bzw. der Wissenschaften) über den Menschen, über seine Kultur sowie über die Fakten und Gesetze der Natur macht seinen Einfluß geltend auf dem Weg über die entsprechenden Lerninhalte und Fächer, an denen sich die Methoden orientieren. Kulturspezifische Werte, Normen, religiöse Glaubensinhalte und politische Ideologien gehen ein in die Erziehungsziele, welche ebenfalls die Erziehungsmethoden mit beeinflussen.

Die hiermit angedeuteten Zusammenhänge bedürfen der Bewußtmachung und der kritischen Beobachtung; Erziehung soll ja dem Individuum und der Kultur, für die es lebensfähig zu machen ist, möglichst gerecht werden. Die kulturelle und epochale Situation ist eine *Herausforderung* an die Erziehung. Das aber kann bedeuten, daß in begründbaren Fällen auch gegen die bestehenden Verhältnisse erzogen werden muß.

1.2.3 Erziehungsziele

Stets hängt es mit von den Erziehungszielen und Teilzielen sowie vom Grade ihrer Bewußtheit beim Erzieher ab, welche Verfahrensweisen im konkreten Erziehungsfall von ihm gewählt werden. Erzieherisches Handeln ist stets zielorientiert, auch wenn es sich nur um die vordergründige Intention handeln sollte, eine augenblickliche moralische Unzulänglichkeit durch Tadel zu überwinden oder eine Kenntnislücke durch einen belehrenden Satz zu schließen. Damit ist nur angedeutet, daß sich für Zielvorstellungen ein breites Feld an Möglichkeiten ergibt:

Rein formal könnte man gemäß einem Schichtenmodell der Persönlichkeit folgende Erziehungsziele unterscheiden: solche, die schwerpunktmäßig auf den kognitiven Bereich des zu Erziehenden hinweisen (Wissen, Kenntnisse), die sich mehr auf den emotionalen Bereich beziehen (Einstellungen, Gefühle, Motive) und wieder andere, die sich mehr auf den Handlungsbereich (Fertigkeiten, Gewohnheiten) richten (vgl. Heimann, P., 1962, S. 417). Eine andere Differenzierung findet man bei Wolfgang Klafki, der zwischen ethischer, ästhetischer, theoretischer, pragmatischer und religiöser Sinngebung unterscheidet (Klafki, W., 1963, S. 118 f.). Schließlich hat Heinrich Roth eine formale Zieldifferenzierung nach den Arten des Lernens vorgenommen:

1. Geistige und motorische Fertigkeiten (Können) durch Automatisieren,
2. Problemlösen (Denken, Verstehen, Einsicht),
3. Behalten von Wissen,
4. Beherrschung von Verfahrensweisen (des Lernens, Arbeitens, Forschens, Nachschlagens),
5. Fähigkeit der Übertragung des Gelernten auf andere Gebiete,
6. Werthaltungen und Einstellungen,
7. Gewinnung vertiefter und differenzierter Interessen,
8. Veränderung des Verhaltens (vgl. Roth, H., 1965, S. 202).

Es ist klar, daß auch zwischen abstrakten Fernzielen und konkreten Nah- oder Teilzielen zu unterscheiden ist.

Bei *inhaltlichen* Zielangaben wäre es angebracht, daß für wünschenswert erachtete Fertigkeiten, Kenntnisse, Tugenden, Einstellungen, Verhaltensweisen u. ä. konkret benannt werden, z. B. Fertigkeit des Lesens und Schreibens, Verstehen altgriechischer Texte, Schwimmen, Wissen über Fakten und Zahlen der mittelalterlichen Geschichte, Beherrrschung der Methode des Unterrichtens, Ehrlichkeit, Tapferkeit, Kooperationsfähigkeit, Hilfsbereitschaft, Geschmack, Glaube an Gott usw. Bei abstrakteren Zielvorstellungen kann nicht immer ohne weiteres erkannt werden, was im einzelnen als erstrebenswert gilt: Humanistische Bildung, volkstümliche Bildung, glückliches Individuum (vgl. S. 80), gute Hausfrau und Mutter, mündiger Staatsbürger u. ä.

Um Erziehungsziele zu erreichen, bedarf es vor allem der Auswahl und Vermittlung entsprechender Inhalte, über die im folgenden noch zu sprechen sein wird. Den Erziehungszielen sind aber auch häufig spezifische Methoden der Vermittlung zugeordnet. So vollzieht sich Erziehung zum gehorsamen Untertanengeist u. a. in der systematischen Unterdrückung selbständigen Denkens, kritischen Urteilens und selbstverantwortlichen Handelns, während Erziehung zur Mündigkeit sich eher durch die Gewährung solcher Möglichkeiten auszeichnet und sie sogar provoziert (vgl. S. 45 ff. u. S. 87 ff.). Unter dem stetigen Zwang zu handeln, wird dem Erzieher in der Praxis häufig gar nicht bewußt, wie sehr z. B. sein autoritäres Vorgehen seinen eigenen Erziehungsintentionen widerspricht; bei distanzierter Betrachtung würde er es selbst verurteilen (vgl. S. 65). Daraus resultiert die Notwendigkeit, daß sich der Erzieher die gesetzten Ziele und sein tatsäch-

liches Vorgehen immer wieder bewußt macht und letzteres auf seine Zieladäquatheit hin überprüft. Weil aber letztlich der zu Erziehende das Ziel erreichen soll, ist es wichtig, daß vor allem ihm das jeweilige Ziel immer wieder bewußt gemacht wird, damit er den Sinn des erzieherischen Handelns erkennen und ernst nehmen kann.
Inwieweit Erziehungsziele traditionsbestimmt sein können, daß sie aber auch dem geschichtlichen Wandel unterliegen und daß gerade gegenwärtig von verschiedensten gesellschaftlichen Interessengruppen um eine Neuformulierung zeitgemäßer Lernziele allgemeinerer und speziellerer Art gerungen wird, darauf braucht hier nicht näher eingegangen zu werden (vgl. dazu Bd. I, 4. Kap.). Ein Hinweis ist jedoch an dieser Stelle angebracht: der Erzieher darf keineswegs nur ein in Methodenfragen versierter Techniker sein, der auf die Zielsetzungen anderer wartet und sie akzeptiert, sondern gerade er muß sich an solchen Entscheidungsprozessen mit beteiligen und in der Lage sein, bestehende Zielvorstellungen in begründeter Weise auch zu modifizieren oder abzulehnen.

1.2.4 Erziehungsinhalte

Allen bedeutsamen wie auch fragwürdigen Erziehungszielen lassen sich entsprechende Erziehungs- oder Lerninhalte zuordnen. Die Frage, *wozu* erzogen werden soll, verbindet sich zwangsläufig mit der Frage, *was* vermittelt und *was* gelernt werden soll. Ebenso wie die Erziehungsziele sind auch die Erziehungsinhalte zum Teil traditionsbestimmt, unterliegen aber auch dem geschichtlichen Wandel und bedürfen gegenwärtig einer weitgehenden Neubestimmung.

Im schulischen Bereich ist derzeit die Diskussion um die Neufestsetzung von Lernzielen und Lerninhalten sehr stark in den Vordergrund gerückt (vgl. Bd. I, 4. Kap.). Dabei wird erkannt, daß die Ziel- und Inhaltsproblematik nur bei gebührender Berücksichtigung der beiden anderen Bedingungsfelder befriedigend gelöst werden kann: die Person des zu Erziehenden muß ebenso im Auge behalten werden wie die Gegebenheiten der augenblicklichen gesellschaftlichen Situation, die allerdings als durchaus verbesserungswürdig angesehen wird. Einige Pädagogen haben nun den sehr unterschiedlich verwendeten Begriff der Didaktik (vgl. Blankertz, H., 1969) auf den Bereich dieser vier genannten Problemfelder eingeschränkt und vom Begriff der Methode bzw. Methodik abgegrenzt. Diese *Didaktik im engeren Sinne* wird als ein Problemkomplex betrachtet, in dem die Erarbeitung neuer Lerninhalte für den schulischen Bereich zum zentralen Anliegen wird und in dem die Bedingungen für das Methodische geschaffen werden (Klafki, W., 1963, S. 85 ff.).

Die Besinnung auf die Inhalte im Rahmen methodischer Problemstellungen ist aber in *allen* Erziehungsbereichen unerläßlich, weil die Art des Vorgehens die Auswahl von Inhalten und die Kenntnis ihrer Strukturen voraussetzt. Man sollte wissen und kritisch vorentschieden haben, was man lehrt, bevor man entscheidet, wie man es lehrt. Das bedeutet nicht, daß aus jedem Lerninhalt jeweils nur eine einzig richtige Methode ableitbar wäre: „Gegeben ist die faktische Verschiedenheit der Methoden bei gleichen Gegenständen, gegeben auch die gleichen

Methoden bei verschiedenen Gegenständen" (Weniger, E., 1960, S. 61). Aber es gilt zu sehen, daß die Verantwortung des Erziehers weiter reicht als nur bis zu einer geschickten Technik der Vermittlung *irgendwelcher* Lerninhalte. Verantwortet werden müssen immer auch die Lerninhalte selbst.
Der Bildungswert mancher zur Tradition gehörender Lerninhalte ist gegenwärtig stark anzuzweifeln und umgekehrt wird vieles Neue nicht vermittelt, was in seinem wahren Gewicht erkannt werden müßte. Aus unserem Traditionsbestand sollte dasjenige überliefert werden, „was dem jungen Menschen helfen kann, seine Gegenwart und seine Zukunft besser zu verstehen und menschlich zu meistern" (Klafki, W. 1963, S. 103). Andererseits muß auch der Versuch unternommen werden, aus geschichtlichen Entwicklungsverläufen sowie aus den Schwierigkeiten, Nöten, Erfolgen und Aufgaben der Gegenwart neue zukunftsweisende Inhalte zu erschließen und zu vermitteln.
Methodische Besinnung und methodisches Vorgehen sind also nicht ablösbar von Überlegungen und Entscheidungen, die sich auf die beschriebenen Bedingungsfelder beziehen. Das Methodische ist diesbezüglich gewissermaßen der zweite Schritt, der nicht vor dem ersten getan werden sollte.
Damit ist nicht gesagt, daß das Methodische nur in einem einseitigen Abhängigkeitsverhältnis zum Inhalt steht. Der Bedingungszusammenhang ist ein wechselseitiger. So werden zuweilen manche Lerninhalte deshalb besonders bevorzugt, vernachlässigt oder völlig zurückgestellt, weil für ihre Vermittlung besonders gute, schlechte oder gar keine Methoden vorhanden sind. Aus erkenntnistheoretischer Sicht ist schließlich auch zu berücksichtigen, daß Lerninhalte durch das Denken in bestimmter Weise strukturiert werden, d. h. daß durch die Methoden des Lehrens und Lernens jeweils bestimmte Ordnungen in den Lerninhalt hineingetragen werden. Insofern hat Methode auch eine gegenstandsbestimmende Funktion (vgl. Kaiser, H.-J., 1972).

1.2.5 Grenzen der Erziehung

Die Empfehlung sowie die Anwendung von Erziehungsmethoden beruht gewöhnlich auf einem mehr oder minder starken Vertrauen in bestehende *Wenn-Dann-Beziehungen* oder *Mittel-Ziel-Relationen.* Ein Beispiesatz: *Wenn* man im Unterricht das *Mittel* der Gruppenarbeit einsetzt, *dann* kann damit das *Ziel* der Kooperationsfähigkeit und Selbständigkeit erreicht werden. Das Wörtchen „kann" weist jedoch bereits darauf hin, daß das bezeichnete Mittel nicht unbedingt zu dem gesteckten Ziele führen muß bzw. daß das Erreichen des Zieles gewiß auch von vielen anderen Faktoren abhängen kann.
Wie schwer es im konkreten Falle auch sein mag, die Grenzen der Erziehung genau zu bestimmen, so steht doch fest, daß der erwachsene Mensch jeglichen Alters nicht allein, vielleicht sogar nur zu einem geringen Teil durch Erziehung das geworden ist, was er ist. Auch der eifrigste Erzieher muß sich seiner Grenzen bewußt bleiben.

Entscheidende Grenzen, auf die Erziehung täglich stößt, werden durch eine komplexe und allgegenwärtige Umwelt gesetzt, in der das Kind aufwächst, in der es zusieht, zuhört und durch Nachahmung lernt, in der es probiert und durch Erfolg oder Mißerfolg ebenfalls hinzulernt ohne erzieherische Kontrolle und Hilfe. Dabei werden auch falsches Wissen und unerwünschte Einstellungen und Verhaltensweisen erworben, die im nachhinein nur schwer zu korrigieren sind. Kein menschliches Wesen kann permanent erzogen werden, auch nicht indirekt durch Gestaltung förderlicher Milieuverhältnisse (vgl. Bd. I, 1.2.2.2 und 2.1).
Da in unserer Gesellschaft wichtige Erziehungsfunktionen von sehr verschiedenen Instanzen wahrgenommen werden können, prallen nicht selten an Kindern und Jugendlichen auch gegensätzliche und widersprüchliche Erziehungskonzepte aufeinander. Konträr sich gegenüberstehende Erziehungsmethoden relativieren und begrenzen sich gegenseitig nicht nur, sie können den zu Erziehenden auch stark verunsichern und neurotisieren. Zu solchen Erziehungsgegensätzen kann es z. B. jeweils zwischen Eltern, Großeltern, Kindergarten und Schule kommen, besonders aber auch zwischen einzelnen Elternteilen oder einzelnen Lehrern.
Die Grenzen der Erziehung liegen aber nicht nur dort, wo ihr Milieueinflüsse zuvorkommen oder wo sie sich selbst relativiert. Der einzelne Mensch ist nicht gänzlich plastisch, aus ihm kann nicht alles werden, auch die Natur steckt ihre Grenzen. Von Geburt schwer Gehirngeschädigte können kaum erzogen werden, sie können gepflegt und am Leben erhalten werden. Aber auch im Normalbereich werden Grenzen gesetzt; die erbmäßige Veranlagung determiniert den Menschen zwar nicht, aber sie schafft doch gewisse Rahmenbedingungen für Lernen und Erziehung (vgl. Bd. I, 1.2.2.1).
Schließlich muß auch die der menschlichen Persönlichkeit zugesprochene Möglichkeit der Selbstbestimmung, das so schwer faßbare Problem der Willensfreiheit mit in Betracht gezogen werden (vgl. Bd. I, 1.2.2.4). Das kann bedeuten, daß zumindest ansatzweise bereits der junge Mensch keineswegs völlig der biologischen oder sozialen Verhaltensdetermination unterliegt und daß er auch einer gutgemeinten Erziehung seine Zustimmung bewußt und selbstverantwortlich verweigern kann.
Wo immer die Grenzen der Erziehung im einzelnen auch begründet sein mögen, in der komplexen, einflußreichen und jeweils unterschiedlichen Umwelt, in der individuellen Veranlagung oder in der menschlichen Freiheit, fest steht, daß die Individualität des zu Erziehenden vom Erzieher niemals voll erfaßt und in den Griff genommen werden kann. Jedes Individuum, auch schon das Kind, hat eine eigene Welt von Lebenserfahrungen gesammelt, hat daraus Eigenschaften und Merkmale erworben, die oft nur schwer zu erkennen sind; es besitzt Bedürfnisse, Motive und Interessen, die von Situation zu Situation schwanken mögen, die ihm selbst nicht immer bewußt sind, geschweige denn von außen voll begriffen werden können; es vermag aufgrund subjektiver Einsicht zu entscheiden und zu handeln, was sich schwerlich vorausberechnen läßt. Hieraus wird ersichtlich, daß der Erzieher scheitern kann, weil er nicht in der Lage ist, vorauszusehen, wie sein

Einfluß in einer bestimmten Situation vom Individuum aufgenommen wird. Die Erziehungspraxis bestätigt, daß sich immer wieder unvorhersehbare Nebenwirkungen und ungewollte Ergebnisse einstellen können. Es gibt in der Erziehung Probleme, die sich jeder Gesetzmäßigkeit und Stetigkeit entziehen, zumindest dem Einblick in diese. Welcher Erzieher vermag z. B. vorauszusehen, ob er in der Achtung des Kindes steigt oder Verachtung erntet, wenn er einen begangenen Fehler ehrlich und offen eingesteht? Oder welcher Erzieher kann ganz sicher sein, daß ein erziehungsschwieriges und seit langem frustriertes Kind, welches nur schlechte Erfahrungen mit Erwachsenen gesammelt hat, Lob und Belohnung richtig aufnimmt und nicht als abstoßende Anbiederung interpretiert?
Es wäre also naiv anzunehmen, Erziehungsmethoden könnten sich auf strenge Gesetzmäßigkeiten oder Regelmäßigkeiten stützen, wie sie etwa im naturwissenschaftlichen Bereich existieren. Man kann deshalb in den Sozialwissenschaften, zu denen auch die Erziehungswissenschaft gehört, bestenfalls von sogenannten *„Quasi-Gesetzen“* und *„Quasi-Theorien“* (Albert, H., 1965, S. 131 ff.) sprechen, die immer nur einen mehr oder weniger großen *Wahrscheinlichkeitswert* besitzen, die stets in einem gewissen Grade *hypothetischen Charakter* behalten werden. Keine Erziehungsmethode berechtigt also zu naiver Zuversicht und Sicherheit bei konkreter Anwendung im Einzelfall. Auch die Berufung auf Bestätigungen durch empirische Forschungsergebnisse ändert an dieser Tatsache prinzipiell nichts, wenngleich der Wert erfahrungswissenschaftlicher Untersuchungen bei kritischem Verständnis derselben ausdrücklich hervorgehoben werden muß. In manchen Fällen kann sich jedoch unser erziehungsmethodisches Wissen und Vorgehen keineswegs auf wissenschaftliches Erfahrungsmaterial berufen, sondern muß sich auf den traditionsbestimmten allgemeinen Menschenverstand (common sense) oder auf subjektiv gewonnene Einzelerfahrungen stützen, weil entweder die nötigen empirischen Untersuchungen noch nicht vorgenommen oder aber unter so speziellen experimentellen Bedingungen durchgeführt wurden, so daß erst wenig Ähnlichkeit mit der Erziehungswirklichkeit vorliegt (vgl. Brezinka, W., 1971, S. 201 ff.). Somit müssen also hochgesteckte Erwartungen, die sich allzu leicht an das Wort von den Erziehungsmethoden knüpfen könnten, zurückgewiesen werden.

2. Kapitel: Erziehungspraktiken

Die Tätigkeit des Erziehens besteht aus zahlreichen unterschiedlichen Einzeltätigkeiten. Diese werden hier als Erziehungspraktiken bezeichnet. Auf ihre methodische Qualität, so wurde gesagt, muß ebenso geachtet werden wie auf die Qualität komplexer Verhaltensentwürfe und -abläufe. Aus dem sehr weiten Feld verschiedenartiger Erziehungspraktiken können zum Zweck einer ausführlichen Darstellung nur einige wenige Möglichkeiten ausgewählt werden. Die konzentrierte Aufmerksamkeit auf diese eingeschränkte Auswahl darf aber den Blick für die Vielfalt und den Variationsreichtum erzieherischer Handlungsmöglichkeiten nicht verstellen. Außerdem ist zu beachten, daß die isolierende Herausstellung einiger Praktiken, wie sie hier vorgenommen wird, nur theoretisch möglich und sinnvoll ist und dem Zwecke einer gründlichen Erörterung dient, daß aber in der Erziehungswirklichkeit solche Praktiken stets in ein mehr oder weniger vernünftiges Konzept erzieherischen Gesamtverhaltens integriert sind. Wie sehr es dabei darauf ankommt, welche Einzelmaßnahmen im Rahmen des Gesamtverhaltens welches Gewicht, welchen Anteil oder welchen Stellenwert erhalten, also das Problem der speziellen Konstellation von Erziehungspraktiken, wird im 3. Kapitel über die Erziehungsstile erörtert (vgl. Weber, E., 1972a, S. 27 ff.).

2.1 Herstellung positiver emotionaler Beziehungen

Positive emotionale Beziehungen lassen sich einleiten durch Freundlichkeit, liebevolle Zuwendung, gefühlsmäßige Wärme, Verständnis u. ä. Die fundamentale Bedeutung des Dauererlebnisses, geliebt, angenommen und geborgen zu sein, kann zunächst für das Alter der frühen Kindheit gar nicht hoch genug eingeschätzt werden (vgl. Bd. I, 1.1.2.2). Man weiß, daß emotionale Vernachlässigung des Kleinkindes oder gar seine unverhüllte Ablehnung nicht nur zu gravierenden Lernrückständen und psychischen Schäden führen, sondern daß sich die Auswirkungen bis in den physischen Bereich hinein verfolgen lassen (z. B. Koliken, Erbrechen). Möglicherweise läßt sich der außerordentlich hohe Bedarf an liebevoller Zuwendung im Säuglings- und Kleinkindalter damit begründen, daß das menschliche Wesen seine erste Lebensphase in totaler Hilflosigkeit verbringt; es ist weder durch die Natur seiner wenigen Instinkte abgesichert, noch durch die Kultur im weitesten Sinne, die es sich ja erst aneignen muß. Fest steht jedenfalls, daß die Persönlichkeitsentwicklung ohne ausreichende „emotionale Fundierung“ mißlingt (vgl. z. B. Claessens, D., 1962).
Die Bedeutung positiver emotionaler Beziehungen als wesentlicher Voraussetzung für erzieherische Beeinflussung haben auch psychoanalytisch orientierte Erzieher aufgrund ihrer Erfahrungen im Umgang mit schwererziehbaren und

verwahrlosten Kindern und Jugendlichen immer wieder hervorgehoben: „Der Fürsorgeerzieher wird sich ... bewußt so benehmen, daß in seinem Zögling Gefühle der Zuneigung zu ihm entstehen, und vorbereitet sein, daß wirksame Erziehungsarbeit so lange unmöglich ist, als diese fehlen“ (Aichhorn, A., 1957, S. 106). „Man kann niemanden beeinflussen, wenn nicht zuvor eine freundliche Beziehung hergestellt worden ist“ (Dreikurs, R., 1967, S. 70).
Diesem Gedanken wird in der bekannten „Erziehungspsychologie“ von Reinhard und Anne-Marie Tausch (*1971*) in Anlehnung an die amerikanische Gesprächspsychotherapie ebenfalls zentrale Bedeutung beigemessen. Die Aufnahme positiver emotionaler Beziehungen manifestiert sich hier besonders in *sprachlichen Äußerungen der Wertschätzung* einerseits und in *Äußerungen des Verstehens bzw. im Verbalisieren von Erlebnisinhalten* andererseits. Die günstigen Auswirkungen solcher Äußerungen sind von genereller Gültigkeit, nicht nur für die Bereiche der Psychotherapie, der Erziehung und der Führung von Untergebenen, sondern für jede Form zwischenmenschlicher Kontakte.

Die Bedeutung der Zuwendung zum Partner durch positive Gefühlsäußerungen beruht darauf, daß diese in der Regel von ihm in entsprechender Weise beantwortet werden. Man spricht hier von sogenannten *„reziproken Affekten“* (vgl. Tausch, R. u. A., 1971, S. 115 ff.); reziprok heißt in diesem Zusammenhang so viel wie wechselseitig, erwidernd, aufeinander bezogen. Gefühle und Affekte wirken gewissermaßen ansteckend. Pädagogisch konkret bedeutet dies: „Feindseligkeit, Aggressivität, emotionale Unruhe, Nervosität, Antipathie von Erziehern bzw. Freundlichkeit, emotionale Wärme und positive Zuwendung lösen bei Kindern und Jugendlichen ähnliche affektive Reaktionen aus. Erzieher können somit z. B. durch deutlich gezeigte positive Affekte gegenüber Jugendlichen deren emotionale Reaktionen verändern“ (Tausch, R. u. A., 1971, S. 115). Dies erhellt bereits, welche Bedeutung der augenblicklichen Laune des Lehrers für die emotionale Klassenatmosphäre zukommt. Sicherlich wirken die reziproken Affekte auch in umgekehrter Richtung. Unruhe, Erregtheit, Aggressivität und Feindseligkeit bei Schülern können analoge Affekte auf seiten des Lehrers auslösen. Dies wird um so eher der Fall sein, je mehr ein Lehrer rein emotional auf alles reagiert. Sein psychologisches Wissen sollte ihn aber befähigen, sein Verhalten rational und nicht emotional zu steuern und die Initiative zur positiven Verhaltensänderung zu ergreifen.

2.1.1 Äußerungen der Wertschätzung

Wertschätzung des Erziehers gegenüber Kindern und Jugendlichen äußert sich in allgemeinen Verhaltensmerkmalen wie *Toleranz, Geduld, Achtung, Hilfe, Höflichkeit, Warmherzigkeit, Partnerschaft, Ermutigung, Lob* u. ä.

Tausch und seine Mitarbeiter haben eine 7stufige Skala zur Einschätzung von Lehreräußerungen entworfen, mit deren Hilfe der Grad an Wertschätzung bzw. Geringschätzung zu beurteilen versucht wird. Die Skala reicht von der extrem negativen Stufe tiefer Geringschätzung —3 über 0 bis zum positiven Extrem hoher Wertschätzung +3. Aus dem positiven Bereich der Wertschätzung seien zur Veranschaulichung einige Beispiele zitiert (Beispiele für geringschätzige Äußerungen werden in einem anderen Zusammenhang aufgeführt; vgl. S. 62). Während auf Stufe 0 gewissermaßen noch gefühlsmäßige Neutralität herrscht, ist auf den folgenden Stufen durchaus eine Steigerung im Grade der Wertschätzung herauslesbar:

Stufe 0: „Nein, jetzt nicht schreiben!" — „Ja, Karl, morgen." — „So wie immer."

Stufe +1: „Wiederhole bitte noch einmal!" — „Nein, diesmal irrst du dich." — „Was meinst du zu dem, was H. gesagt hat?"

Stufe +2: „Bitte schön, du wolltest noch etwas sagen." — „Das war eine sehr ansprechende Leistung von dir."

Stufe +3: „Das habe ich gar nicht bemerkt, entschuldige bitte mein Versehen." — „Es hat mir Freude gemacht, mit euch zu arbeiten, ich war gern mit euch zusammen." — „Ich wünsche, meine eigenen Kinder würden später auch so sachlich diskutieren können, wie ihr es gerade getan habt." (Tausch, R. u. A., 1971, S. 332 f.).

Die beiden letzten der aufgeführten Äußerungsbeispiele haben gewiß erkennen lassen, daß die Gefahr übertriebener und gekünstelter Freundlichkeit bisweilen zumindest naheliegt. Jedenfalls kann es nicht darum gehen, bei *allen* Erzieheräußerungen möglichst hochgradige Freundlichkeit auszudrücken oder bei Labilität und Launenhaftigkeit mit überschwenglicher Zuwendung gutmachen zu wollen, was an Äußerungen der Geringschätzung möglicherweise vorausgegangen ist. In diesem Zusammenhang sei auch an den permanent kindischen und albernen Umgangston mancher Erwachsener mit Kindern erinnert; es zeugt eher von Geringschätzung als von Wertschätzung, wenn mit einem Kind wie mit einem Kanarienvogel oder Zwergpudel gesprochen und es auf diese Art nicht ernst genommen wird. Man muß sehen, daß sich Wertschätzung nicht nur durch Liebe, Toleranz, Höflichkeit, Geduld, Achtung usw. auszeichnet, sondern ebenso im Vermeiden von Lieblosigkeit, Intoleranz, Grobheit, Ungeduld, Unernst u. ä. Außerdem wird man erkennen müssen, daß auch die Zubilligung bzw. Ablehnung von Kritik am Erzieher durch Kinder und Jugendliche etwas mit deren Wertschätzung bzw. Geringschätzung zu tun hat.

„Von welchem Alter ab würden Sie es zulassen, daß ein Jugendlicher Kritik an dem Verhalten der Eltern übt?" Diese Frage wurde 1958 180 Müttern von 14- bis 15jährigen Schülern und Lehrlingen gestellt. 24% dieser Mütter antworteten eindeutig mit „nie", ein großer Teil machte altersmäßige Angaben (Durchschnitt bei 17,5 Jahre), während nur 9% die Kritik ihrer Kinder grundsätzlich begrüßten, weil sich diese aussprechen sollten und die Mütter zugeben wollten, daß auch sie Fehler begehen (Kemmler, L., 1960, S. 202).

Nach Tausch darf man folgende positive Auswirkungen der Wertschätzung annehmen, wenn sie von Erwachsenen Jugendlichen entgegengebracht wird:

— Es werden nach dem Prinzip der reziproken Affekte entsprechend positive Gefühle auf seiten von Kindern und Jugendlichen erzeugt.

— Wertschätzung, Wärme und Zuneigung führen zu einer Verminderung kindlicher Ängste und Unsicherheiten bzw. zu einer Erhöhung von Selbstvertrauen und Selbstachtung.

— Achtung und Wertschätzung reduzieren kindliche Oppositionshaltungen und führen zu größerer Bereitschaft, das Verhalten an den Erwartungen des Erziehers zu orientieren.

— Es wird dadurch das Lernen durch Erfolg begünstigt (vgl. S. 35 ff.).

— Personen, die solche Gefühle äußern, sind geeignete Modelle für das Imitationslernen (vgl. S. 48 ff.).

— Personen, von deren positiven Gefühlen man selbst angesprochen wird, werden eher imitiert.

— Positive emotionale Zuwendung befriedigt ein menschliches Grundbedürfnis nach angenehmen zwischenmenschlichen Beziehungen (Tausch, R. u. A., 1971, S. 327 f. u. S. 339 ff.).

2.1.2 Äußerungen des Verstehens

Dieses Phänomen hängt mit dem der Wertschätzung zusammen. Wer den anderen versteht und dies zu erkennen gibt, achtet und schätzt ihn auch. Psychologisches Verstehen läßt sich wie folgt definieren: Es ist „*die Wahrnehmung bzw. vorstellungsmäßige Vergegenwärtigung der subjektiven Welt eines anderen Individuums, also der Art und des Inhalts seiner bewußten Erlebnisse, d. h. seiner Empfindungen, Gefühle, Wahrnehmungen mitsamt den Bedeutungen, Strebungen, Wünschen und Vorstellungen, die von ihm in bestimmter Situation erlebt werden*" (Tausch, R. u. A., 1971, S. 349). Zugang zum Verständnis des anderen findet man durch seine Sprache, Mimik, Gestik und andere Verhaltensweisen. Bei diesem Verständnis allein soll es jedoch nicht bleiben, hinzu soll kommen, *daß der Erzieher die wahrgenommenen Empfindungen, Vorstellungen und Motive des zu Erziehenden diesem gegenüber in verständlicher Form ausspricht und bewußt macht.* Er hält ihm gewissermaßen einen psychologischen Spiegel vor. Dies mag etwas ungewöhnlich sein, sicherlich auch schwierig, weil der Erzieher selbst mit psychischen Problemen belastet ist und zuweilen annimmt, seelische Vorgänge anderer Menschen würden in etwa auch seinen eigenen entsprechen.

Was konkret mit Verstehen und Verbalisieren gemeint ist, läßt sich am besten durch Beispiele zeigen. Bereits durch schlichte Teilsätze wird es im kleinen Maßstab realisiert: Du erinnerst dich, ihr hattet gemeint, ihr freut euch, du denkst nach, ihr wißt nicht, du wolltest, du findest es richtig, du kannst dich schwer entscheiden usw. (entn. Tausch, R. u. A., 1971, S. 355). Der Erziehungsalltag bietet dafür viele Gelegenheiten: „Du wolltest etwas sagen!" — „Du bist müde, hat dich die Arbeit so angestrengt?" — „Es ist dir unangenehm, vor allen zu sprechen!" — „K. wollte dich nicht ärgern, er fand es einfach komisch und mußte darüber lachen!" Verstehen und Verbalisieren von Erlebnisinhalten bewährt sich besonders in Konfliktsituationen: ein schüchternes Kind geht an seinem 4. Geburtstag nicht in den Kindergarten aus Angst, daß man es „hochleben" lassen würde. Die Kindergärtnerin am nächsten Morgen: „Du hattest Angst, gestern zu kommen, Ingrid. Du fürchtest dich davor, daß wir dich hochleben lassen wollten, du magst das nicht, so im Mittelpunkt stehen?!" (Tausch, R. u. A., 1971, S. 357). Zu Schuljahrsbeginn betritt ein neuer Lehrer zum erstenmal die Klasse. Die Schüler stehen auf. Lehrer: „Bitte, setzt euch!" Jonas, der Störenfried der

Klasse, bleibt, wie vorher vereinbart, stehen. Lehrer: „Auch du darfst dich setzen!" Jonas: „Ich bin gelähmt in den Knien, von Kindesbeinen an ... ich muß immer stehen ... den ganzen Vormittag."* Wie könnte ein Lehrer auf diese Provokation sinnvoll reagieren? Unter Pädagogik-Studenten eines Seminars, in dem das Verstehen und Verbalisieren geübt wurde, einigte man sich etwa auf folgenden Lösungsversuch: Lehrer: „Meine Herren, ich bin für euch ganz neu! Und bei einem neuen Pauker ist man neugierig, man fragt sich, was ist denn das für einer, wie reagiert er denn eigentlich, wenn wir ihn hereinlegen ...?" und zu Jonas: „Und du bist hier derjenige, der den neuen Lehrer testen soll, nicht wahr!" Frage an die Klasse, mit der die heikle Lage des Lehrers zu überbrücken versucht wird: „Übrigens, wie könnte oder sollte denn nach eurer Meinung der ideale Lehrer auf so was reagieren ...?"

Folgende positive Auswirkungen erhofft man sich aus den verbalen Äußerungen des Verstehens:

— Kinder und Jugendliche fühlen sich besser verstanden und empfinden dabei Wertschätzung und emotionale Wärme.

— Gefühle der Angst und Bedrohung werden reduziert, auch vor eigenen belastenden Problemen.

— Verständnis fördert das Vertrauen und veranlaßt, weitere und spätere Gefühle, Gedanken und Probleme dem vertrauenswürdigen Erwachsenen mitzuteilen.

— Der Jugendliche erfährt das Suchen des Erziehers und wird stimuliert, sich selbst seine eigenen Erlebnisinhalte in höherem Maße als bisher zu vergegenwärtigen.

— Der Jugendliche wird angeregt, gefühlsmäßige Vorgänge bei Gleichaltrigen und Erwachsenen aufmerksamer wahrzunehmen und zu berücksichtigen (vgl. Tausch, R. u. A., 1971, S. 359 ff.).

Eine Gefahr sollte allerdings nicht unbeachtet bleiben. Äußerungen des Verstehens und entsprechendes Verbalisieren von abweichendem Verhalten können auch peinlich und beschämend wirken, wenn noch keine ausreichende Vertrauensbasis hergestellt ist. Dies gilt natürlich vor allem dann, wenn solche Deutungen öffentlich vorgenommen werden.

2.2 Unterstützende Erziehungspraktiken

Vorbemerkung

Der Pädagoge Friedrich D. E. Schleiermacher (1768—1834) unterschied drei Arten erzieherischer Einwirkung: *Behütung, Unterstützung* und *Gegenwirkung*. Das Problem der behütenden Maßnahmen wird im folgenden ausgeklammert. Unterstützende Erziehungspraktiken werden in diesem, gegenwirkende Erziehungspraktiken im nächsten Abschnitt behandelt. Der Terminus der Unterstützung wird hier für solche beabsich-

---

*) entn. E. Wiechert: Der Todeskandidat. In: Reble, A. (Hrsg.), 1968, S. 65

tigte Lernhilfen verwendet, die im Sinne der Lernpsychologie positiv verstärkend bzw. erfolgsvermittelnd wirken. Dementsprechend soll im darauffolgenden Abschnitt der Terminus der Gegenwirkung als Oberbegriff für solche Praktiken dienen, von denen man sich im Sinne des Vermeidungslernens eine negativ verstärkende Wirkung erhofft.

Um die Bedeutung erziehungsmethodischer Unterstützungsmaßnahmen zu erfassen, ist zunächst die Kenntnis einiger lernpsychologischer Voraussetzungen erforderlich.

2.2.1 Lernen am Erfolg (durch positive Verstärkung)

Man kann zunächst davon ausgehen, daß bei allen höheren Lebewesen eine mehr oder minder große Anzahl von *Bedürfnissen* präsent ist, die nach Befriedigung drängen. Beim Menschen sind diese Bedürfnisse nur zum Teil angeboren, also von vitaler Art, zum anderen Teil werden sie durch die kulturelle Umwelt angeeignet und modifiziert. Menschliche Bedürfnisse in Gestalt von Trieben, unbewußten und bewußten Motiven, Wünschen und geistigen Interessen sind je nach Alter und sozio-kulturellem Milieu unterschiedlich akzentuiert und unterschiedlich ausdifferenziert.
Jedes Bedürfnis wird dem Menschen zu einem kleinen oder auch großen Problem, das dann durch irgendein *Verhalten* zu lösen versucht wird. Man muß so weit gehen, jede Art des Verhaltens als einen Versuch der Lösung von Problemen kleinen oder größeren Ausmaßes zu betrachten, also jedem Verhalten ein unbewußtes oder bewußtes, ein wichtiges oder unwichtiges Bedürfnis zu unterstellen. Verhalten zum Zweck der Bedürfnis- oder Motivbefriedigung kann in völlig neuartigen Situationen die Gestalt planlosen Probierverhaltens haben (trial and error), das Problem kann aber auch aufgrund von Erfahrungen aus früheren ähnlich strukturierten Situationen durch einsichtiges Verhalten bewältigt werden, und schließlich können in manchen Situationen von anderen Personen imitierte Verhaltensmuster zur Problemlösung eingesetzt werden. Festzuhalten ist: *Bedürfnisse,* welcher Art auch immer, sowie *Aktivitäten,* die zum Zwecke der Bedürfnisbefriedigung eingesetzt werden, sind Voraussetzungen für das Lernen bzw. Weiterlernen durch Erfolg.
Der Prozeß des Lernens am Erfolg läßt sich nun wie folgt umschreiben: *Wenn eine Verhaltensweise* (planlos, imitiert oder auch einsichtig aufgrund früherer Lernerfahrungen) *in erkennbarem Zusammenhang mit ihr von einem angenehmen Zustand gefolgt wird, so wirkt dieser angenehme Zustand auf das vorausgehende Verhalten belohnend und damit positiv verstärkend, bekräftigend.* Der Mensch, und mit gewissen Einschränkungen auch das Tier, ist in der Lage, eine geistige Verbindung (Assoziation) herzustellen zwischen dem Verhalten in bestimmten Situationen und dem Erfolg dieses Verhaltens. Erfolgreich ist das Verhalten dann, wenn es mit einem angenehmen Reiz verknüpft ist, der ein Bedürfnis befriedigt.

Was nun im einzelnen Bedürfnisbefriedigungen oder Erfolge sind und welchen Wert sie besitzen, läßt sich natürlich nicht ohne weiteres vorherbestimmen, sondern hängt von der subjektiven Bewertung durch das Individuum ab. Es ist aber außerordentlich wichtig zu wissen, daß auch das Nichteintreten eines bereits erwarteten Mißerfolgs als ein großer Erfolg bewertet werden kann. So kann das Ausbleiben einer bereits erwarteten negativen Konsequenz für ein Vergehen als ein Erfolg empfunden werden, der die vorausgegangene Handlung positiv verstärkt. Wenn die Verbindung zwischen Situation und Verhalten durch wiederholte Erfolge gefestigt ist und das Verhalten zu einem relativ beständigen Verhaltensmuster geworden ist, kann man den Prozeß des Lernens durch positive Verstärkung als (vorläufig) abgeschlossen betrachten.

Dieser in der Pädagogik niemals völlig unbekannte Sachverhalt wurde erstmals von dem amerikanischen Psychologen E. L. Thorndike hauptsächlich in Tierexperimenten systematisch erforscht und in seinem bekannten *Effektgesetz* folgendermaßen formuliert: „When a modifiable connection between a situation and a response is made and is accompainied or followed by a satisfying state of affairs, that connection's strength is increased" (zit. nach Correll, W., 1964, S. 29). Das Effektgesetz wirkt natürlich auch in umgekehrter Richtung. Bei negativem Nacheffekt, bei Nichtbefriedigung und Mißerfolg also, wird das entsprechende Verhalten negativ verstärkt und damit verlernt. Darauf wird noch einzugehen sein (vgl. S. 40). Das Prinzip des Lernens am Erfolg ist nicht nur bedeutsam für das Lernen im engeren Sinn (Kenntnisse, Fertigkeiten), sondern für das Gelingen bzw. Mißlingen der gesamten Persönlichkeitsentwicklung. Bei Tausch wird eine Vielzahl von Experimenten referiert, die dies für die Bereiche der Sprache, der Gefühle, Einstellungen, Werturteile, des prosozialen und des asozialen Verhaltens belegen (Tausch, R. u. A., *1971*, S. 75 ff.).

Ein wichtiger Gedanke darf nicht unerwähnt bleiben, weil er die Theorie des Lernens am Erfolg bzw. das Effektgesetz ergänzt: Das Erfolgserlebnis hebt über seine Verstärkungsfunktion hinaus auch das Selbstvertrauen und damit das sogenannte *„Anspruchsniveau"*. Das handelnde Individuum lernt durch Erfolg nicht nur mehr und besser, sondern es traut sich von Erfolg zu Erfolg auch mehr zu und setzt sich anspruchsvollere Ziele. Mit dem wachsenden Anspruchsniveau erhöhen sich die Erwartungen, die Bedürfnisse und damit auch der Einsatz. Lernbarrieren werden leichter überwunden und zukünftiges Lernen zusätzlich motiviert (Lewin, K. u. a., 1944).

2.2.2 Möglichkeiten der Erfolgsvermittlung

Entsprechend der hohen Bedeutung, die das Lernen am Erfolg einnimmt, sollte der Erzieher positive Verstärkung planvoll und methodisch einsetzen und beispielsweise Anerkennung und Lob nicht nur dann aussprechen, wenn er von einer Leistung des zu Erziehenden persönlich angetan ist. Gelegenheiten der Erfolgsvermittlung bieten sich gewöhnlich häufiger, als dem Erzieher bewußt ist. Es erscheint deshalb angebracht, das breite Feld dieser Möglichkeiten kurz zu skizzieren. Man kann vier Arten der positiven Verstärkung unterscheiden (nach Clarizio, H. F., 1971, S. 20 ff.):

a) Materielle Verstärkungen
wie Spielsachen, interessante Bücher und Bilder, Lieblingsspeisen, Geld u. ä. Solche Belohnungen sollten nicht übertrieben werden, weil Kinder ja nicht dazu erzogen werden sollen, nur auf materiellen Nutzen bedacht zu sein; andererseits sind sie auch nicht als minderwertig anzusehen, spielen sie doch auch im Erwachsenenleben (z. B. im Beruf) eine große erfolgsbestätigende Rolle.

b) Soziale Verstärkung
wie Lächeln, freundliche Gesten, Aufmerksamkeit, Interesse, Zustimmung, Ermutigung, Formen der Wertschätzung, mündliches und schriftliches Lob. Für eine der besten sozialen Verstärkungen kann man den Vertrauensbeweis ansehen. Dieser nimmt seine höchste Form dann an, wenn altersgemäß Kompetenzen und Verantwortung delegiert werden (Geißler, E. E., 1967, S. 78). Kinder und Jugendliche sind in der Regel sehr darum bemüht, einem von Erwachsenen gewährten Vertrauensvorschuß, sofern dieser keine Überforderung darstellt, auch gerecht zu werden. Wo dem zu Erziehenden Selbständigkeit, Verantwortung und partielle Mündigkeit zugestanden werden, fördert man dessen Selbstbewußtsein und Verantwortungsgefühl.

c) Verstärkung durch Erlaubnis für beliebte Beschäftigungen
in dafür ursprünglich nicht vorgesehenen Situationen. Dies könnte im Unterricht bedeuten: Erlaubnis zu malen für schnelle und gute Erledigung der Arbeit, freies Lesen, Geschichten hören, Schwätzpausen für Schulanfänger, Diskussionsstunden u. ä. In der Familienerziehung: Fernsehen, Beteiligung der Mutter an einem Spiel, Verlängerung der Spielzeiten vor dem Schlafengehen u. ä. Man kann solche Möglichkeiten als Belohnung anbieten, die Kinder gelegentlich aber auch selbst auswählen lassen.

d) Erfolgsvermittlung durch sogenannte intrinsische Verstärkung:
Man sorgt dafür, daß der zu Erziehende entdeckt, daß sich der Erfolg aus der Sache selbst ergibt. Das Kind, das z. B. die Backzutaten für die Mutter abwiegen darf, erfährt bereits eine intrinsische Verstärkung beim Lernen des Gewichtssystems. Der schlechte Leser kann durch das Angebot spannender Lektüre Spaß am Lesen finden. Diese intrinsische Vertärkung soll die vom Erzieher kommende *extrinsische Verstärkung* ergänzen und langsam ersetzen. Die Selbstkontrolle soll an die Stelle der Fremdkontrolle treten.

2.2.3 Probleme der Anwendung

Gegen den pädagogischen Grundsatz der Erfolgsvermittlung kann man auf dreierlei Weise verstoßen. Die folgenden Beispiele stammen aus dem Schulbereich, sind jedoch ohne weiteres generalisierbar:

a) Unerwünschtes Verhalten wird unbeabsichtigt verstärkt.
Die Laissez-faire-Haltung des Lehrers, der Störungen gegenüber allzu großzügig ist, verstärkt durch Gewährenlassen das unerwünschte Verhalten.

b) Erwünschtes Verhalten wird nicht verstärkt.
Gelegenheiten dazu werden verpaßt, wenn z. B. der notorische Schwätzer einmal still ist oder wenn der Hypermotorische einmal ruhig sitzen bleibt und relativ konzentriert arbeitet. Dies ist ein Hauptproblem, auf das noch näher einzugehen ist: der „schlechte" Schüler wird zu selten oder gar nicht verstärkt, seine positiven Verhaltensweisen werden nicht wahrgenommen, er wird in einer permanenten Versagersituation gehalten.

c) Eine weitere falsche Anwendungsmöglichkeit der Erfolgsvermittlung
besteht schließlich darin, daß man erwünschtes Verhalten über Gebühr positiv verstärkt. Was der Lehrer dem Versager an Erfolgserlebnissen nicht vermitteln zu können glaubt, läßt er dem Musterschüler entsprechend gehäuft zukommen. Durch diese Tatsache wird aber die schlechte Ausgangslage des Versagers zusätzlich kontrastierend hervorgehoben bzw. werden Verständnislosigkeit und Überheblichkeit des guten Schülers gegenüber schwächeren Mitschülern begünstigt.

Greifen wir Punkt b) noch einmal auf, wonach die subjektiven Leistungsverbesserungen der schlechten Schüler wahrgenommen und verstärkt werden sollen: Man kann voraussetzen, daß so etwas wie soziale Anerkennung, Geltung und Erfolg zu den Grundbedürfnissen eines jeden Menschen gehören. Dieses Bedürfnis äußert sich u. a. gewöhnlich in einem mehr oder minder gesunden Maß an Ehrgeiz. Nun gibt es aber in jeder Klasse auch Schüler — die sogenannten Dummen, Faulen und Disziplinlosen —, die das genannte Bedürfnis nicht zu haben scheinen; jedenfalls entwickeln sie nicht den vom Lehrer gewünschten Ehrgeiz; sie legen offenbar kein Verhalten an den Tag, das ihnen Erfolg und Anerkennung einbringen könnte. Der Lehrer sieht keinerlei Anlaß, Anerkennung zu zollen, wo sie nicht „verdient" ist. Ein Teil der Schüler einer Klasse erlangt somit selten oder niemals eine Erfolgszuweisung. Wo aber das Erfolgserlebnis fehlt, wird es zu keinen großen Verbesserungen intellektueller oder moralischer Leistungen kommen. Was nun das scheinbar fehlende Bedürfnis nach Anerkennung und Erfolg betrifft, so haben frühzeitige Überforderung und permanente Entmutigung längst dafür gesorgt, daß gar nicht mehr der Versuch gemacht wird, dieses Bedürfnis auf sozial erwünschte Weise zu befriedigen.
In der hier angesprochenen Gefahr befindet sich jeder Erzieher: er erteilt Anerkennung, Wertschätzung, Lob und Belohnung nach einem objektiven Richtmaß und übersieht sehr leicht subjektive und kurzfristige Verbesserungen. Dies scheint mehrere Gründe zu haben:

a) Viele Erzieher erkennen in Lob und Belohnung nur die moralische
und nicht die erziehungspsychologische Bedeutung. Anders ausgedrückt: es wird gelobt und belohnt, *weil* der zu Erziehende das sozial erwünschte Verhalten bereits voll verwirklicht hat und nicht, *damit* er es nach und nach verwirklicht. Auf diese Weise spielen Erzieher die relativ selbstherrliche Rolle eines Richters

anstatt die aktive Rolle desjenigen, der Lob und Belohnung einsetzt, um das Verhalten zu verbessern.

b) Der Erzieher unterliegt häufig dem sogenannten *halo effect.*
Das bedeutet hier: die Wahrnehmung positiver Verhaltensweisen wird durch vorausgehende negative Erfahrungen versperrt. Der Erzieher erfaßt die Schwächen und Störungen und benützt diese selektiven Wahrnehmungen, um sein bisheriges negatives Meinungsbild zu bestätigen. Erwünschte Verhaltensweisen werden dann kaum mehr erkannt. Bei vielen Lehrern besteht ein sehr stereotypes Bild vom schlechten Schüler (vgl. Höhn, E., 1967, S. 47—106).

c) Ein sehr wichtiger Grund:
Der Erzieher ist heilfroh, wenn sich der Störenfried einmal beruhigt hat; dann kann er nämlich von diesem absehen und sich anderen Kindern oder Aufgaben zuwenden.

d) Der Erzieher hat eine verzerrte Vorstellung von Gerechtigkeit.
Er glaubt, es wäre anderen Kindern und Jugendlichen gegenüber unfair, ein Verhalten zu honorieren, das er als selbstverständlich ansieht bzw. von dem er annimmt, daß es ohnehin nicht von Dauer ist (vgl. Clarizio, H. F., 1971, S. 16).
Dort, wo mehrere Kinder zusammen sind, muß der Erzieher diese mit seinem Konzept der individuellen Erfolgszuweisung vertraut machen; er sollte immer wieder begründen, weshalb er nicht alle nach ein und demselben Maßstab messen kann. Würde er dies versäumen, könnte er Gefahr laufen, von manchen Kindern als ungerecht beurteilt zu werden. Wenn es ihm jedoch gelingt, Kindern und Jugendlichen die Einsicht zu vermitteln, daß auch ein noch weit unter dem Durchschnitt des objektiv Wünschenswerten liegendes Verhalten unter bestimmten Umständen als persönliche Leistung und Verbesserung anzusehen ist, die es zu honorieren gilt, dann wird eine solche Einsicht nicht ohne Auswirkung auf die Fairneß und Rücksicht der Kinder und Jugendlichen untereinander bleiben.

Bei der Frage nach der angemessenen Häufigkeit positiver Verstärkung ist zu unterscheiden, ob ein bestimmtes Verhalten neu erlernt oder ob es gefestigt und beibehalten werden soll. Im ersten Fall ist jede Gelegenheit zu ergreifen, bei der sich Ansätze zur Verbesserung zeigen (z. B. wenn ein aggressiver Schüler einmal etwas länger nicht aggressiv war als üblich oder wenn er zu einem Mitschüler freundlich, hilfsbereit war). Im zweiten Fall empfiehlt sich die unregelmäßige Verstärkung; man spricht hier von sogenannter *intermittierender Verstärkung;* positives Verhalten wird dann nur noch ab und zu von außen honoriert.

2.3 Gegenwirkende Erziehungspraktiken

2.3.1 Vermeidungslernen (durch negative Verstärkung)

Ermahnung, Zurechtweisung, Tadel, Beschimpfung, Drohung, Bestrafung u. a. sind Maßnahmen, die in der Erziehung ergriffen werden, um unerwünschten Einstellungen, Motiven und Verhaltensmustern entgegenzuwirken. Lerntheoretisch lassen sie sich zunächst mit eben demselben Effektgesetz wie die unterstützenden Erziehungspraktiken als sinnvoll erklären und rechtfertigen. Man spricht von Vermeidungslernen oder von Lernen durch negative Verstärkung: *Wenn eine Verhaltensweise in erkennbarem Zusammenhang von einem unangenehmen Zustand gefolgt wird, so wirkt dieser unangenehme Zustand auf das vorausgehende Verhalten schwächend, vermindernd, negativ verstärkend.* Bei planlosem Probierverhalten ist anzunehmen, daß solche Verhaltensmuster gar nicht erst in das Verhaltensrepertoire des Individuums aufgenommen werden; bei bereits irgendwie früher gelernten Verhaltensweisen kann damit gerechnet werden, daß sie durch wiederholte Mißerfolgserlebnisse in ihrer Häufigkeit reduziert und möglicherweise völlig abgelegt werden. Das Individuum wird versuchen, sein Problem durch andere Verhaltensweisen zu lösen, die nicht von Mißerfolgen begleitet sind bzw. von der sozialen Umwelt akzeptiert werden. Man kann weiter annehmen, daß der gesamte Bedürfnishaushalt des Menschen durch negative Nacheffekte des Verhaltens nicht unbeeinflußt bleibt, daß sich zentrale Bedürfnisse modifizieren und einschränken lassen und subjektiv als unerheblich empfundene Motive und Interessen aufgegeben werden können. Die pädagogische Einsicht in den Sachverhalt des Vermeidungslernens ist uralt: Das gebrannte Kind scheut das Feuer. Wer sein Kind liebhat, der züchtigt es.

2.3.2 Probleme der Anwendung unter besonderer Berücksichtigung der Strafe

Das Prinzip des Vermeidungslernens darf in der Erziehung nicht in der geschilderten Einfachheit, sondern nur mit Rücksicht auf andere psychologische Sachverhalte zur Anwendung gelangen. Man bedenke zunächst, was über das Phänomen der reziproken Affekte, über die Bedeutung positiver emotionaler Zuwendung und über die Äußerungen des Verstehens ausgeführt wurde. Damit kann natürlich nicht gemeint sein, daß der Erzieher immer erst freundlich zu sein, die Gefühle zu verbalisieren oder seine prinzipielle Wertschätzung umständlich auszudrücken habe, bevor er ermahnt, tadelt oder straft. Aber er sollte sich vor dem Gegenteil hüten: Der Erzieher tadelt oder straft und wie oft provoziert er dabei negative reziproke Affekte, indem er seine Beherrschung verliert und sich nervös, wütend, aggressiv, haßerfüllt zeigt; er tadelt oder straft und läßt dabei seine prinzipielle Geringschätzung spüren, indem er beschämt, blamiert, beschimpft, ironisiert, demütigt. Auch Mangel an Verständnis in Gestalt von Härte und Unnachsichtigkeit wird gerade bei Tadel und Strafe häufig bemerkbar. Damit aber wird es Kindern und Jugendlichen schwergemacht, eigenes Fehlverhalten und dessen Kritik durch den Erzieher sachlich zu beurteilen. Viel eher werden durch solche affektgeladenen Erzieherreaktionen Rechtfertigungsgründe für weiteres Fehlverhalten geliefert, vor allem für feindselige Angriffe gegen den Erzieher selbst. Mit dem Abbruch positiver emotionaler Beziehungen wird aber auch die Möglichkeit der positiven Beeinflußung des Verhaltens weitgehend verspielt. Die Anwendung negativer Verstärkung kann also unter den beschriebenen Umständen sehr unerwünschte Nebenwirkungen hervorbringen. Deshalb dürfte es auch richtig sein, wenn die Formen positiver Verstärkung gegenüber denen der negativen Verstärkung dominieren. „So viel Unterstützung wie möglich, so viel Gegenwirkung wie nötig“ (Reble, A., 1968, S. 118).

Besondere Zurückhaltung ist gegenüber der *Strafe* angebracht, deren Anwendung bestenfalls dann zu rechtfertigen ist, wenn sich andere Erziehungs- und Disziplinierungsmethoden als unzureichend erwiesen haben. Da die Strafpraxis in Familien, Heimen und Schulen sehr verbreitet ist (vgl. Hävernick, W., 1964; Tausch, R. u. A., 1971, S. 275 f.), soll auf das Strafproblem etwas näher eingegangen werden.

Strafpraktiken sind mit Schwächen behaftet und rufen unerwünschte Nebenwirkungen hervor (vgl. Clarizio, H. F., 1971, S. 100 ff.).

a) Strafen allein ist zumeist nur ein vorübergehender Erfolg beschieden;
ihre Wirkung beschränkt sich gewöhnlich auf solche Zeiten und Situationen, in denen strafende Instanzen anwesend sind. Von dieser *Scheinwirkung* lassen sich manche Befürworter rigoroser Strafen täuschen. Wenn auf Strafe schon nicht verzichtet werden kann, so muß sie doch planvoll von positiver Verstärkung der Gegenkräfte im Kinde begleitet werden.

b) Strafe sagt nur, was nicht getan werden darf,
sie sagt noch nicht, was getan werden soll. Es fehlt ihr das Merkmal der *Richtungsangabe*. Notwendig ist auch hier die Kombination mit dem Aussprechen, Vormachen und Belohnen dessen, was richtig ist.

c) Häufiges Strafen stellt eine permanente *Frustration* dar,
die im Sinne der Frustrations-Aggressions-Theorie zu feindseligem Verhalten führen kann. Dieses feindselige Verhalten richtet sich offen oder getarnt gegen den Bestrafenden selbst oder auch gegen Unbeteiligte und Schwächere, bei denen die aufgestauten Aggressionen ohne größeres Risiko abreagiert werden können (Dollard, J. u. a., 1970).

d) Bestrafung löst *Fluchtverhalten* aus,
besonders bei zu häufiger und strenger Anwendung. Jedes Individuum hat die Tendenz, unangenehmen Dingen aus dem Wege zu gehen. Fluchtverhaltensformen vor Bestrafung sind z. B. Lügen, Mogeln, Kriechen vor dem Erzieher, Schuleschwänzen u. ä. In vielen Fällen sind dann die Formen des Fluchtverhal-

tens unerwünschter als das ursprüngliche Verhalten, welches zu bestrafen gewesen wäre. Kinder und Jugendliche können sich auf diese Weise in immer gravierendere Formen abweichenden Verhaltens hineinmanövrieren. Verfestigtes Fluchtverhalten läßt sich nur sehr schwer wieder beseitigen, weil es subjektiv belohnend wirkt, indem es unangenehme Konsequenzen zumindest kurzfristig aus der Welt schafft.

e) Hartes und permanentes Strafen kann zu *Angst, Unsicherheit und Minderwertigkeitsgefühlen* führen, vor allem wenn keine Chance eingeräumt wird, das bestrafte Fehlverhalten stufenweise zu ändern.

f) Der Erzieher bleibt auch als Strafender *Verhaltensmodell,*
das von Kindern beobachtet und in geeigneten Situationen nachgeahmt wird. Härte und Rücksichtslosigkeit, Geringschätzung und Verständnislosigkeit des Erziehers haben Modellcharakter und regen zur Nachahmung an (vgl. S. 48 ff.).

Besondere Beachtung verdienen die unter c) und d) genannten Gefahren der Aggression und des Fluchtverhaltens. Diese Gefahren zu vermeiden bedeutet, daß die Strafe vom Bestraften innerlich angenommen werden muß, es bedeutet die *Einsicht, daß Strafe berechtigt und verdient ist.* Nur mit einer solchen Einsicht können die positiven emotionalen Beziehungen aufrecht erhalten und eine positive Verhaltensänderung erzielt werden. Folgende Voraussetzungen für das Akzeptieren der Strafe durch den Bestraften sind wichtig (vgl. Scheibe, W., 1967, S. 314 ff.):

a) Der Bestrafte muß wissen, wofür er bestraft wird.
Eine Selbstverständlichkeit eigentlich, die aber bei Kleinkindern und Schulanfängern nicht immer beachtet wird.

b) Die Strafe muß dem Fehlverhalten angemessen sein.
Da sich der strafende Erzieher auf kein Strafgesetzbuch stützen kann, sondern nur auf sein subjektives Ermessen im Augenblick des Geschehens, straft er häufig unangemessen.

c) Die Strafe muß gerecht sein.
Auf die Zeit bezogen heißt das: Strafe darf nicht ein Produkt der jeweiligen Laune des Lehrers sein; auf eine Gruppe bezogen heißt das: kein Kind darf bevorzugt oder benachteiligt werden, wobei jedoch der individuell unterschiedlichen Empfindsamkeit der Individuen Rechnung getragen werden soll.

d) Eine sehr wichtige Voraussetzung für die Annahme der Strafe
ist schließlich, daß diese in einem engen inhaltlichen oder thematischen Zusammenhang zum Vergehen steht. Gegen dieses Prinzip wird sehr häufig verstoßen. Der inhaltliche Bezug zum Vergehen kann in der Strafe auf zweierlei Weise hergestellt werden: durch *Wiedergutmachung* und durch sogenannte *logische Folgen.* Auf diese beiden Möglichkeiten ist im folgenden noch näher einzugehen.

2.3.3 *Wiedergutmachung und logische Folgen*

Wiedergutmachung fällt zweifellos in den Bereich des negativen Nacheffekts bzw. des Vermeidungslernens. Ob man sie jedoch noch unter die Strafen im herkömmlichen Verständnis rechnen kann, darf offen bleiben. Wiedergutmachung kann sich auf einen angerichteten *materiellen Schaden* beziehen. Beispiel: Eine beim Herumtoben eingeschlagene Fensterscheibe wird vom eigenen Taschengeld ersetzt. Nicht immer jedoch ist materielle Wiedergutmachung möglich. Beispiel: Durch grobe Fahrlässigkeit im Straßenverkehr verursacht ein jugendlicher Mopedfahrer einen Unfall, bei dem *Personen zu Schaden* kommen; Möglichkeit der Wiedergutmachung durch Pflegedienst in der Unfallabteilung eines Krankenhauses. Wiedergutmachung ist aber auch sinnvoll, wenn gewissermaßen *„psychische Schäden"* angerichtet wurden: So könnte z. B. bei feindseligem Verhalten unter Gleichaltrigen, bei verletzenden Äußerungen gegenüber älteren Menschen, bei Hinterhältigkeiten und Lügen der Schuldige unter Anleitung und Vermittlung des Erziehers dazu veranlaßt werden, sich zu entschuldigen oder dem Betroffenen eine kleine Freude zu bereiten.

Keine Art der Wiedergutmachung darf eine subjektive Überforderung darstellen, Wiedergutmachung ist auch nicht in allen Fällen abweichenden Verhaltens anwendbar.

Mehr als bei der Wiedergutmachung, bei der das Hauptaugenmerk auf das Rückgängigmachen geschehenen Unrechts gelegt wird, steht bei den *logischen Folgen* die Verbesserung des zukünftigen Verhaltens des zu Erziehenden im Mittelpunkt des pädagogischen Interesses. Die logischen Folgen eines Vergehens sollen für den Schuldigen den Charakter des negativen Nacheffekts haben und ihn im Sinne des Vermeidungslernens zu einer Änderung des Verhaltens bewegen.

Dem Pädagogen Jean Jacques Rousseau (1712—1778) kommt das Verdienst zu, die Gefahren der üblichen Strafpraxis erstmalig in aller Deutlichkeit aufgezeigt und demgegenüber eine Strafform empfohlen zu haben, die unabhängig von der Person des Erziehers als „natürliche Folge" des Fehlverhaltens erscheint; er hat die Strafe entpersönlicht. Da Rousseau jedoch sah, daß sich nicht aus jedem Vergehen von selbst negative Folgen ergeben können, glaubte er, man könne als Erzieher auch hinter dem Rücken der Kinder diese negativen Konsequenzen arrangieren (vgl. Scheibe, W., 1967, S. 55 bis 84, bes. S. 81 ff.). Dies ist bedenklich und man muß fragen, ob diese Tarnung und der totale Rückzug des Erziehers als Strafender erforderlich sind.

Man faßt gegenwärtig den Begriff „natürliche Folgen" weiter und bezieht auch Maßnahmen mit ein, die der Erzieher in aller Offenheit trifft. Sinnvoller ist es jedoch, begrifflich klar zu trennen zwischen solchen Konsequenzen, die von selbst eintreten und solchen, die der Erzieher ergreift. Rudolf Dreikurs unterscheidet demgemäß zwischen *„natürlichen Folgen"* und *„logischen Folgen"* (Dreikurs, R., 1967, S. 107). Dabei darf man sich aber nicht allzuviel von denjenigen Folgen erhoffen, die sich ganz von selbst einstellen sollen; denn bekanntlich stellen sich diese eben entweder gar nicht oder zu spät ein und können dann mit großen Gefahren verbunden sein. Aus diesen Gründen sind eben „Messer, Gabel, Schere, Licht für kleine Kinder nicht“. Demgegenüber kann man „logische Folgen“ immer arrangieren und zwar in dem Ausmaß, wie es die Situation und die Individualität des zu Erziehenden geboten erscheinen lassen. Beispiel: Schüler werden trotz angemessener Arbeitszeit nicht fertig, weil sie durch Unruhe und gegenseitige Ablenkung viel Zeit verloren haben. Logische Konsequenz: Sie müssen in der Schule (oder zu Hause) die verlorene Zeit auf Kosten beliebterer Beschäftigungen nachholen.

Diese Methode der vom Erzieher arrangierten logischen Folgen setzt häufig so etwas wie einen Verhaltensvertrag voraus, den z. B. Lehrer und Schüler gemeinsam aufgestellt haben können, dem die Schüler zugestimmt haben. Wird dieser Kontrakt durchbrochen, ergibt sich die vereinbarte Strafe als logische Konsequenz: Auch hier — und das ist das Wesentliche — tritt die Person des Lehrers in den Hintergrund, die Strafe wird entpersönlicht, sie ergibt sich quasi von selbst, aus einem Sachverhalt, der gekennzeichnet ist durch die Verletzung einer vereinbarten Regel. Man sollte, mehr als dies bisher üblich ist, im Hinblick auf einige wenige ganz spezielle Störverhaltensweisen mit Schülern solche vertragsähnlichen Vereinbarungen treffen, weil durch sie — ähnlich wie bei bekannten Spielregeln — eine affektfreie und unpersönliche Ahndung auf Erzieherseite und eine bereitere Annahme der Strafe auf seiten des zu Erziehenden ermöglicht wird (vgl. Clarizio, H. F., 1971, S. 115 f., S. 120 ff.).

2.3.4 Vergleich der Wirksamkeit unterstützender und gegenwirkender Erziehungspraktiken

Die Frage, was denn eigentlich mehr zur Leistungssteigerung bzw. zur Verhaltensverbesserung beiträgt, die Unterstützung bzw. das subjektive Erfolgserlebnis bei erwünschtem Verhalten oder die Gegenwirkung bzw. das subjektive Mißerfolgerlebnis bei unerwünschtem Verhalten, ist insofern eine müßige Frage, als auf beides in der Erziehung nicht verzichtet werden kann. Dennoch läßt sich nach dem derzeitigen Stand des Wissens eine wichtige Feststellung treffen, die für die Erziehungspraxis von erheblicher Bedeutung sein dürfte. In ihrem zusammenfassenden Literaturbericht über zahlreiche und nicht immer eindeutige empirische Untersuchungen zu dieser Frage kommt Eva Fokken zunächst zu dem lapidaren Ergebnis,

a) daß Lob und Tadel im allgemeinen gleich wirksam sind,

b) daß sowohl Lob als auch Tadel wirksamer sind als keinerlei Beachtung (Fokken, E., 1966, S. 53).

Wenn man aber differenziert, gilt u. a. folgendes:

„Schüler und Studenten, deren allgemeiner Leistungsstand als ‚gut‘ bezeichnet wird, scheinen im allgemeinen eine Tendenz zu zeigen, ihre Leistung nach Mißerfolgserlebnissen zu erhöhen, während Schüler und Studenten, deren allgemeiner Leistungsstand als ‚schlecht‘ bezeichnet wird, dazu neigen, ihre Leistungen

unter der Einwirkung von Mißerfolgserlebnissen zu verschlechtern" (Fokken, E., 1966, S. 41).
In ihrer eigenen Untersuchung über schulische Leistungen fand die Autorin diese Ergebnisse bestätigt: Wenn Erfolg und Mißerfolg im Wechsel und nicht einseitig erlebt werden, dann scheint deren motivierende Kraft in etwa gleich zu sein. Bei anhaltendem Mißerfolg aber werden Anspruchsniveau, Fleiß und Leistung geringer (Fokken, E., 1966, S. 122 und S. 127). Was also speziell der leistungsschwache Schüler zur Leistungssteigerung benötigt, ist das, was gerade er in Wirklichkeit am allerwenigsten zugestanden bekommt: ermutigende Erfolgserlebnisse. Auch dies hat für die Praxis wiederum die Konsequenz, daß nicht ein objektiver oder allgemeiner Durchschnittsmaßstab Kriterium für die Zuweisung von Erfolgserlebnissen durch den Erzieher bleiben darf, sondern die subjektive Leistungssteigerung bzw. Verhaltensverbesserung. Ähnliches läßt sich über die Anwendung von gegenwirkenden Maßnahmen sagen.
Im übrigen gibt es auch Experimente, die zeigen, daß zumindest im Vor- und Grundschulalter gewisse Fehlformen des Verhaltens ohne jegliche Gegenwirkung erfolgreich abgebaut werden können, indem man diese Fehlformen ignoriert, dafür aber jede Gelegenheit konsequent wahrnimmt und positiv verstärkt, bei der sich dieses Fehlverhalten nicht zeigt oder eine Verhaltensverbesserung beobachtbar wird (vgl. z. B. Harris, F. R. u. a., 1964; Allen, K. E. u. a., 1964; Allen, K. E. u. a., 1967; Becker, W. C. u. a., 1967; Madsen, CH. H. u. a., 1969). Dabei empfiehlt es sich bei besonders schwierigen Kindern, niemals zu versuchen, die breite Vielfalt von Fehlverhaltensweisen gleichzeitig zu verbessern, sondern mit wenigen oder einem einzigen Verhaltensproblem zu beginnen. Denn die Beobachtung und die konsequente positive Verstärkung schon einer einzigen Verhaltensart, die verbessert werden soll, beansprucht bereits sehr viel Aufmerksamkeit durch den Erzieher; außerdem darf der zu Erziehende nicht überfordert werden. Letzterer sollte bei derartigem Vorgehen stets wissen, welches Verhalten zu verbessern der Erzieher sich vorgenommen hat.
Zusammenfassend darf festgestellt werden, daß die erzieherische Bedeutung unterstützender Erziehungspraktiken in der Erziehungswirklichkeit nur unzureichend wahrgenommen wird und daß umgekehrt der Erziehungserfolg gegenwirkender Maßnahmen geringer ist, als in der herkömmlichen Erziehungspraxis angenommen wird.

2.4 Förderung der Einsicht

Die Praktiken der Unterstützung und Gegenwirkung, deren lernpsychologische Effektivität nicht umstritten ist, bedürfen der Relativierung in ihrem pädagogischen Wert und damit der Ergänzung. Es muß klargestellt werden, daß der Erzieher, indem er von Lob, Belohnung, Tadel und Strafe Gebrauch macht, über große Machtmittel verfügt, daß er mit ihnen seinen subjektiven Willen durchsetzen und andere manipulieren kann (Portele, G., 1971, S. 113; Flügge, J., 1972). Eine Erziehungsmethode, die ausschließlich zu solchen Mitteln greift, läuft letztlich auf Dressur nach dem bekannten Prinzip von „Zuckerbrot und Peitsche" hinaus; dies gilt auch dann, wenn nach neueren Erkenntnissen versucht werden sollte, Lob und Belohnung dem Tadel und der Bestrafung vorzuziehen (Metzger, W., 1971, S. 21). Natürlich wäre die prinzipielle Disqualifizierung unterstützender und gegenwirkender Maßnahmen — wie der Fremdbestimmung durch den Erzieher überhaupt — töricht, aber die Förderung der Selbstbestimmung muß mit Alter und Reife in zunehmendem Maße hinzutreten. Auf solche befreiende oder emanzipatorische Lernhilfen wird noch einzugehen sein (vgl. S. 87 ff.). Als Gegengewicht und in Ergänzung zu den konditionierenden Erziehungspraktiken erscheint es sinnvoll, eine Möglichkeit der Lernhilfe folgen zu lassen, bei der der zu Erziehende weniger als ein von äußeren Einwirkungen gesteuertes Objekt, sondern mehr als ein sich selbst steuerndes Vernunftwesen angesprochen wird.

Förderung von Einsicht ist etwa gleichbedeutend mit *Erklären, Begründen, vernünftigem Argumentieren, Diskutieren;* erklären und begründen lassen sich Zusammenhänge naturgesetzlicher und empirischer Art, praktisch-technische Anweisungen, notwendige Befehle und Anordnungen, menschliche Motive, Urteile, Entscheidungen und Verhaltensweisen, vorgesetzte Lernziele und -aufgaben, das, was in einer konkreten Situation als moralisch gut gelten soll u. a. mehr. Erklären und Begründen kann über die Herstellung einer momentanen Einsicht hinaus im zu Erziehenden auch ein generelles Bedürfnis wecken, die Umwelt und sich selbst besser zu verstehen. Dabei wird der junge Mensch lernen, Probleme selbst zu sehen und selbst Fragen aufzuwerfen, lösbare Probleme einsichtig zu bewältigen und nach vernünftigen Antworten auf eigene Fragen zu suchen. Am Vorbild des Erziehers orientiert (vgl. S. 48 ff.), wird er auch geneigt sein, in gesteigertem Maße vor sich selbst und anderen zu rechtfertigen, was er tut und verlangt. Mit derartig praktizierter Vernunft gewinnen sein Denken und Handeln an Selbständigkeit und Verantwortung und nähern sich dem Erziehungsziel der Mündigkeit.

Unter normalen Erziehungsverhältnissen werden *Naturerscheinungen,* die dem Kind ein Problem sind, bereitwillig erklärt. Warum dreht sich der Rasensprenger „von selbst"? Warum geht der „leichte" Stein unter und das „schwere" Brett schwimmt? Auch die Begründung von *praktischen Anweisungen* ist weitgehend selbstverständlich: daß es z. B. zweckmäßig ist, Bilder aus Katalogen erst im Grobumriß auszuschneiden, bevor man den Feinkonturen folgt oder daß man mit dem Taschenmesser so und nicht anders schnitzt. Andere *Verhaltensmuster, die sich aus komplexeren Gründen als zweckvoll erweisen,* bleiben häufiger unerklärt; so bewähren sich die im Elternhaus mit viel Aufwand und wenig Einsicht angewöhnten Dressate für hygienisches Verhalten gewöhnlich nur so lange, als keine neuen und ungewohnten Situationen eintreten; die Schultoilette besucht man dann mit dem Pausebrot in der Hand und läuft am Waschbecken vorbei. Einsicht vermitteln kann und soll der Erzieher auch in die *Beweggründe menschlichen Handelns,* in seine eigenen, in die von anderen Personen aus Geschichte und Gegenwart sowie in die des zu Erziehenden selbst; auf diese

Weise lernt der junge Mensch andere Menschen und sich selbst zu verstehen. Auch *Urteile über Sachverhalte und Personen* (z. B. bei Schulnoten), einfache *Lernaufgaben und schulische Lernziele* können einer Begründung bedürfen. Vernünftiges Argumentieren mit den Betroffenen, aber auch das Einräumen von Möglichkeiten der Mitbestimmung und Selbstentscheidung, die der Erziehungsalltag bietet, vertiefen und provozieren die Fähigkeit einsichtigen Verhaltens.

In einer Gesellschaft, in der sich vieles, was als *moralisch verpflichtend angesehen werden soll,* nicht mehr eindeutig oder rigide aus überzeitlichen Prinzipien ableiten läßt, in der manche traditionelle Tugenden zu Recht relativiert worden sind, in der verschiedene und teilweise gegensätzliche Wert- und Normensysteme nebeneinander konkurrieren, in einer solchen Situation der moralischen Unsicherheit müssen auch sittliche Normen in Bezugnahme auf die jeweilige Situation rational begründet werden. Wo man sich im Namen sittlicher Erziehung kurzschlüssig auf nicht hinterfragbare Verhaltensprinzipien oder Autoritäten beruft, eröffnen sich größere Möglichkeiten, den Menschen zu verführen und zu mißbrauchen, als dort, wo an konkreten Fällen immer wieder aufs neue versucht wird, durch Begründen und vernünftiges Argumentieren *„die Einsicht in das Gute“* zu fördern (Kümmel, F., 1968). Sittlichkeit läßt sich zwar nicht logisch oder empirisch rechtfertigen; aber im Sinne der Aufklärung, wonach „der Mensch nur als ein Vernunftwesen frei und sittlich sein könne“, ist zu fordern, „daß grundsätzlich alles, was dem Menschen in der Erziehung und später in der Gesellschaft zugemutet werden kann und darf, einsichtige Gründe haben muß, die es ihm erlauben, das Geforderte nicht nur hinzunehmen, sondern (sei es vorweg oder nachträglich) als sinnvoll einzusehen und ausdrücklich zu übernehmen“ (Kümmel, F., 1968, S. 34). Sozial erwünschtes Verhalten aufgrund von Konditionierung (Lob, Belohnung, Tadel, Strafe) ist ebenso wie aufgrund von Befehl und Nötigung noch kein moralisches Verhalten; zur Sittlichkeit gehören Einsicht und das Wollen des Guten. Die Möglichkeiten zu dieser Art Erziehung bestehen natürlich nicht von Anfang an, sondern eröffnen sich erst mit zunehmendem Alter. In der frühen Kindheit ist die konditionierende Vermittlung von Verhaltensnormen nicht zu vermeiden.

2.5 Dosierung und Zurückhaltung im Einsatz von Erziehungspraktiken

Dosierung von Erziehungspraktiken meint die Notwendigkeit, Erziehungspraktiken wie Anerkennung, Lob, Belohnung, Ermahnung, Tadel, Strafe, Belehrung, Anweisung, Befehl usw. im Hinblick auf Intensität, Abfolge und Ausmaß angemessen einzusetzen. Von richtiger Dosierung kann zunächst dann gesprochen werden, wenn der Einsatz von Erziehungspraktiken nicht von der unterschiedlichen Laune des Erziehers oder von seiner nur sporadisch sich einstellenden Erziehungsverantwortung abhängt. Man kann z. B. in Wartezimmern, öffentlichen Verkehrsmitteln oder bei Bekanntenbesuchen nicht durch Intensivbehandlung wettmachen wollen, was im Alltag an Erziehung versäumt wird. Richtige Dosierung erfordert aber außerdem ein großes und variationsreiches Repertoire an erziehungsmethodischen Praktiken, denn wer über nur wenige stereotype Erziehungsmaßnahmen verfügt, kann nicht viel dosieren; wer z. B. unüberlegt und phantasielos mit Drohungen und Strafen einschreitet, ist bald am Ende seiner Möglichkeiten.

Verbindet man diesen Gedanken mit der Erfahrung, daß in der Erziehung häufig viel zu viel spürbarer Aufwand getrieben wird, den Kinder und Jugendliche verständlicherweise als unangenehm und störend empfinden, erscheint es sinnvoll, nach Möglichkeiten des erzieherischen Vorgehens Ausschau zu halten, die durch ein größeres Maß an *Zurückhaltung* gekennzeichnet sind. An der Unentbehrlichkeit des Mediums der Sprache für die Erziehung sollte nicht gezweifelt werden, aber häufig ist es eben gerade die verbale Aufdringlichkeit, die das erzieherische Handeln weitgehend wirkungslos macht. Worte nutzen sich ab durch ihren häufigen und unreflektierten Gebrauch. In diesem Sinne muß man den Aphorismus Schleiermachers verstehen: „Der Unterricht muß beredt sein, das Leben gesprächig, die Erziehung so wortkarg als möglich“ (Schleiermacher, F. E., 1959, S. 35). Wie ist erziehungswirksame Zurückhaltung zu realisieren? Zunächst sei erinnert an die bereits angedeuteten Möglichkeiten indirekter Erziehung (vgl. S. 19 ff.). Zwei weitere Möglichkeiten werden im folgenden erörtert.

2.5.1 Modellverhalten des Erziehers

Erst in jüngster Zeit hat ein Zweig der Lernpsychologie einen Gedanken zu wissenschaftlicher Geltung gebracht und durch zahlreiche empirische Befunde erhärtet, der vom Laienverstand seit jeher für bedeutungsvoll angesehen worden ist. Eine alte pädagogische Weisheit besagt: Worte bewegen, Beispiele aber reißen hin. Dies gilt nicht nur für positive Vorbilder: Böse Beispiele verderben gute Sitten, sagt ein anderes Sprichwort. In der Psychologie spricht man von *Beobachtungslernen, Modell- oder Imitationslernen* und man meint damit einen Vorgang, „bei dem sich das Verhalten einer Person entsprechend dem von ihr beobachteten oder ihr sprachlich übermittelten Verhalten einer anderen Person ändert, d. h. sich dieser annähert“ (Tausch, R. u. A., 1971, S. 49).

Nach A. Bandura und R. H. Walters (1963) kann die Beobachtung von Modellpersonen folgende Lerneffekte auslösen: Erstens ist es möglich, daß *völlig neue* Verhaltensmuster übernommen werden, die vorher im Verhaltensrepertoire des Beobachters nicht vorhanden waren. Zweitens werden Verhaltensweisen, die bereits zum Verhaltensrepertoire des Beobachters gehören können, durch Beobachtung eines Modells *gehemmt* bzw. *enthemmt*. Drittens werden Verhaltensweisen, die weder neu noch gehemmt sind, durch die Beobachtung von Verhaltensmodellen wie durch einen Schlüsselreiz unmittelbar *ausgelöst* (Oswald, A. u. Raue, S., 1971, S. 47). Man muß also zwischen Erwerb und Ausführung beobachteten Verhaltens unterscheiden.

Wie sehr sich selbst Erwachsene noch von Verhaltensmodellen beeinflussen lassen, zeigt das folgende von M. M. Lefkowitz u. a. durchgeführte Experiment: In einer längeren Beobachtungsphase wurde das Verhalten von etwa 2 000 Fußgängern vor einer Verkehrsampel registriert. Etwa 99% beachteten zunächst die Signale „Warten" und „Gehen". Wenn jedoch ein vom Untersuchungsleiter eigens eingeführtes Verhaltensmodell, dem durch gute Kleidung ein gewisser Prestigewert verliehen worden war, bei „Warten" über die Kreuzung eilte, hielten sich durchschnittlich nur noch 86% an die Verkehrsregel, 13% aber übertraten sie und folgten dem abweichenden Vorbild (Lefkowitz, M. M. u. a., 1955).

Wichtig ist, daß es Faktoren gibt, die das Modellernen besonders begünstigen, die aber nicht als notwendige Bedingungen anzusehen sind: enge und häufige Kontakte des Beobachters zum Modell; die Beobachtung, daß das Verhalten beim Modell auch zum Erfolg führt (z. B. autoritäres und aggressives Verhalten); das Erfolgserlebnis beim Imitierenden selbst; hoher sozialer Status, Attraktivität und Freundlichkeit der Modellperson; auch neigen unselbständige und unsichere Beobachter eher zur Imitation als andere (vgl. Sixtl, F. u. Korte W., 1969, S. 190).

Daß durch das Modellernen nicht nur das *Verhalten,* sondern mit ihm auch *Gefühle, Interessen, Motive und Werteinstellungen* von Vorbildern übernommen werden, dafür gibt es zahlreiche Belege aus empirischen Untersuchungen (vgl. die Darstellungen bei Tausch, R. u. A., 1971, S. 52 ff.).

Ein Beispiel: Die Verminderung von Angstgefühlen durch Beobachtungslernen zeigten A. Bandura und einige seiner Mitarbeiter in folgendem Experiment. Sie ermittelten zunächst bei 48 Vorschulkindern das Ausmaß an Angst vor Hunden. Darauf wurden die Kinder in vier vergleichbare Gruppen aufgeteilt. In den ersten beiden Gruppen bekamen die Kinder über mehrere Tage hinweg die Gelegenheit, ein 4jähriges Kind (Modell) zu beobachten, welches einen immer enger werdenden Kontakt mit einem Hund demonstrierte, ihn fütterte, kraulte, mit ihm spielte usw. In Gruppe III verlief das Gruppenleben wie in den beiden ersten Gruppen, auch das Tier war zu beobachten, aber ohne das kindliche Modell. In Gruppe IV schließlich gab es weder einen Hund noch ein Verhaltensmodell zu beobachten.

Ergebnis: In der darauffolgenden Testperiode spielten 67% der Kinder, die das Modell beim Umgang mit dem Hund beobachtet hatten, selbst allein mit einem Hund, während es bei den Kontrollgruppenkindern, die kein Modell beobachtet hatten, nur 33% waren (Bandura, A. u. a., 1967).

Als positive bzw. negative Vorbilder kommen Gleichaltrige und Erwachsene in Frage, mit denen sich häufige Kontakte ergeben, aber auch solche Verhaltensmodelle, die sich durch die Kommunikationsmedien präsentieren. Vor allem aber sind es die Verhaltensmuster, Einstellungen und Wertmaßstäbe von Eltern und Lehrern, die von Kindern und Jugendlichen tagtäglich beobachtet und übernommen werden können.

Zunächst scheint der gesamte Sachverhalt wenig oder nichts mit erziehungsmethodischem Vorgehen zu tun zu haben und es stellt sich die Frage, weshalb das Beobachtungslernen in diesem Zusammenhang dargestellt wird. Liegt hier nicht ein typischer Fall von Enkulturation vor (vgl. Bd. I, 2.1), der nicht mehr unter den ursprünglich gewählten Erziehungsbegriff fällt? Dies ist zweifellos richtig, solange dem Erzieher nicht bewußt wird oder solange er nicht wahrhaben will, daß schon bei bloßer Anwesenheit von Kindern und Jugendlichen jede seiner Äußerungen und Handlungen Modellcharakter besitzt und zur Nachahmung anregen kann. Aber dies ist kein wünschenswerter Zustand. Bereits zu Anfang (vgl. S. 11) wurde die Forderung erhoben, daß dem Handeln des Erziehers ein höherer Grad an Bewußtheit und planender Überlegung verliehen werden müsse. Dies hat an dieser Stelle zu bedeuten, daß sich erziehungsmethodisches Vorgehen nicht nur auf jenen Verhaltensbereich erstrecken darf, in welchem sich der Erzieher Kindern und Jugendlichen direkt zuwendet, sondern daß erzieherische Verantwortung auch dann gegeben ist, wenn der Erzieher mit sich selbst oder auch mit anderen Erwachsenen beschäftigt ist, während Kinder und Jugendliche nur unbeteiligte Beobachter sind. Man kann deshalb unter diesem Aspekt *all jene Verhaltensweisen des Erziehers als bewußte und planvolle Erziehungspraktiken* kennzeichnen, bei denen im voraus die *selbstkritische Frage gestellt und bejaht wurde, ob deren Nachahmung durch anwesende Kinder und Jugendliche verantwortbar bzw. erwünscht ist.*

Die besonderen pädagogischen Vorteile des bewußten und beabsichtigten Modellverhaltens dürften darin liegen, daß dieses erstens sehr *vielseitig anwendbar* ist; zweitens besitzen die durch positive Vorbilder gezeigten Verhaltensmuster, Einstellungen und Werthaltungen ein optimales Maß an *Konkretheit und Anschaulichkeit,* welches durch bloße Belehrungen, Anweisungen und Befehle nicht erreicht wird; und drittens schließlich eröffnet sich hier die Chance der positiven Beeinflussung, *ohne* daß in der *unbeliebten Rolle des aufdringlichen Erziehers* in Erscheinung getreten werden muß. Letzteres ist besonders wichtig: penetrante verbale Belehrungen, Ermahnungen, Anweisungen, Drohungen, Befehle usw. führen zuweilen zur Inflation und weitgehenden Wirkungslosigkeit der Worte, eine Gefahr, die durch positives Modellverhalten reduziert wird. Wer außerdem als Erzieher Dinge verlangt, die er selbst nicht ausreichend praktiziert, gerät in die Gefahr der Unglaubwürdigkeit, muß sich mit zweifelhaften Argumenten rechtfertigen (daß Kindern nicht erlaubt sein kann, was Erwachsenen erlaubt ist) und muß versuchen, nachgeahmtes Fehlverhalten wiederum mit vielen Worten und Dressurmaßnahmen zu korrigieren.

Wenn Kinder in ihren sogenannten Rollenspielen das Erwachsenenleben imitieren oder bis auf den Tonfall genau Redewendungen und Kraftausdrücke ihrer Eltern reproduzieren, wird das Phänomen des Beobachtungslernens auf eindringliche Weise erkennbar. Einige Beispiele bewußten und verantwortlichen Modellverhaltens gegenüber Kindern in Familie und Schule seien angeführt: Achtung, Wertschätzung und Freundlichkeit der Ehepartner zueinander; differenzierte und sachliche Beurteilung von schulischen und politischen Tagesereignissen bei Tischgesprächen; Vermeiden von Vorurteilen über Berufskollegen, Nachbarn und Spielkameraden der eigenen Kinder; diszipliniertes Verhalten im Straßenverkehr und Toleranz gegenüber anderen Verkehrsteilnehmern; Aner-

kennung subjektiver Leistungen schwacher Schüler durch den Lehrer; Achtung und Hilfsbereitschaft gegenüber allen Schülern; Kritikempfänglichkeit und Toleranz gegenüber anderen Meinungen; Vermeiden von Demütigungen, ironischen Äußerungen und aggressiven Verhaltensweisen in Konfliktsituationen; abwägende Beurteilung von Problemen; die Beispiele ließen sich beliebig fortführen.
Es dürfte deutlich geworden sein, daß mit bewußtem Modellverhalten nicht das Spiel mit unnatürlichen und gekünstelten Rollen gemeint sein kann, sondern schlicht der Versuch, dem zu entsprechen, was man vom zu Erziehenden in Zukunft erwartet und diesem durch bewußtes Vorleben Lernhilfe zu bieten.

2.5.2 Signale

Der Erziehungsalltag ist angefüllt mit Situationen, in denen Kinder und Jugendliche Verhaltensregeln übertreten, obwohl ihnen diese bekannt sind, obwohl sie diese auch als sinnvoll anerkennen. Es handelt sich also um Formen abweichenden Verhaltens, die nicht bewußt oder mutwillig praktiziert werden, sondern auf die Tatsache zurückzuführen sind, daß sich Kinder in bestimmten Situationen gewissermaßen vergessen, weil ihre Selbstkontrolle noch nicht in demselben Maße wie bei Erwachsenen ausgebildet ist.

In der Schule, vor allen Dingen in großen Klassen, summiert sich z. B. das Schwätzen zu unerträglicher Unruhe, aber auch die mangelnde Selbstkontrolle im motorischen Bereich kann zu einem hohen Geräuschpegel führen und sehr störend wirken: unruhiges Sitzen, Spielen mit Stiften, Linealen, Heften und anderen Utensilien, Fingerschnalzen und spontanes Aufspringen beim Melden, Umdrehen, Umherlaufen usw.
In der Familie ergeben sich ähnliche Situationen: Kinder vergessen das Türenschließen, machen Lärm, während kleinere Geschwister oder Wohnungsnachbarn schlafen, sie spielen und trödeln während des Essens, überziehen ihre Spielzeit usw.

In solchen Situationen ist häufig der verbale Aufwand des Erziehers unangemessen hoch, seine Belehrungen und Ermahnungen wiederholen sich in stereotyper und überflüssiger Weise (vgl. auch S. 67). Wenn wirklich die Situation so ist, daß Kinder die erwünschten Verhaltensweisen kennen und ihnen das unerwünschte Verhalten nur momentan nicht voll bewußt wird, sollte die Stimme des Erziehers zugunsten wichtigerer Anlässe geschont werden. Es gibt eine Reihe sogenannter *Signale,* die in solchen Situationen angebrachter sind (vgl. Smith, L. M. u. B. B. Hudgins, 1971, S. 310). Diese Signale sind nicht als autoritäre Kommandos aufzufassen, sondern sie haben erstens die Funktion, den zu Erziehenden an etwas zu erinnern, was er bereits weiß oder kann und zweitens, die Aufdringlichkeit anderer Erziehungsmaßnahmen zu reduzieren.
So kann z. B. der Lehrer vor einer unruhig gewordenen Klasse seinen Satz unterbrechen und warten; dies ist ein Zeichen, welches ebenso unüberhörbar ist wie eine verbalisierte Ermahnung. Das plötzlich eingetretene Schweigen des Lehrers macht die Unruhe unmittelbar vernehmbar und bewußt. Andere Si-

gnale sind das leisere oder langsamere Sprechen, das schweigende Anblicken des Unruhestifters, das Heben der Hand oder das Klopfen auf den Tisch. Solche Zeichen bedürfen zum Teil der vorausgehenden Vereinbarung und Begründung, wenn sie nicht beim erstmaligen Gebrauch komisch wirken sollen. Signale, wie sie hier verstanden werden, sind charakterisiert durch Sachlichkeit und emotionale Distanziertheit. Ein Erzieher, der beispielsweise mit dem Fuß auf den Boden stampfen würde, könnte damit auch etwas signalisieren, nämlich Zorn und affektive Entladung — aber gerade das ist zu vermeiden. Ein sehr wichtiges Signal sei noch erwähnt, nämlich das zur Ordnung zurückführende Rufen des Namens. Auch hier wird mit der Ersparnismethode gearbeitet; man sagt dem Kinde nicht, was es getan hat und tun soll, weil es dies ja ohnehin weiß; man ruft es nur beim Namen, um es an seine Aufgabe zu erinnern und seine eigene Kontrollinstanz zu unterstützen. Signale sind natürlich dann unangebracht, wenn gravierende Formen abweichenden Verhaltens vorliegen.

3. Kapitel: Erziehungsstile

Der Begriff „Stil“ bezog sich ursprünglich auf charakteristische sprachliche Ausdrucksweisen und wurde später auch zur Kennzeichnung anderer Äußerungsformen der kulturellen Lebensgestaltung verwendet. Im 18. Jahrhundert fand der Stilbegriff u. a. Eingang in die bildende Kunst; von dort her ist er uns gegenwärtig besonders vertraut. Unter Stil versteht man gewöhnlich einen mehr oder minder umfangreichen Komplex kultureller Verhaltens- und Darstellungsmerkmale, die zusammengehören, relativ konstant bleiben und deshalb als typisch bezeichnet werden; ein Stil muß von einem anderen Stil durch Beobachtung und Beschreibung unterschieden werden können. In diesem Sinne darf man auch einen *Erziehungsstil als deskriptiv unterscheidbaren Komplex von zusammengehörigen und relativ beständigen, also typischen erzieherischen Verhaltensweisen* bezeichnen. Nun weist die Verwendung des Stilbegriffs im Bereich der Erziehung (vgl. Weber, E., *1972 a,* S. 27 ff.) manche Parallelen zu seiner Verwendung im Bereich der bildenden Kunst auf (vgl. Jahn, J., 1962, S. 648 f.) und es erscheint sinnvoll, die in beiden Bereichen üblichen bzw. möglichen Anwendungen des Stilbegriffes anzudeuten.
Man kann zunächst vom *persönlichen Stil* eines Individuums oder vom Individualstil sprechen; hier tritt die charakteristische Eigenart einer Persönlichkeit zutage. Man kann aber auch von *Gruppenstilen* sprechen und zwar auf zweierlei Weise: der Stilbegriff kann sich einmal auf Gruppen im klassifikatorischen Sinne beziehen (z. B. der Prozentanteil jener Lehrer, die den autoritären Erziehungsstil praktizieren), er kann sich aber auch auf echte Klein- und Großgruppen im soziologischen Sinne beziehen (z. B. der Erziehungsstil einer Familie, einer Sozialschicht, eines Stammes, einer Kultur).

In den Mittelpunkt der Darstellung sollen zunächst drei Stiltypen gestellt werden, die man als Gruppenstile im klassifikatorischen Sinne bezeichnen kann, deren zusammenhängende Behandlung im vorliegenden Klassifikationsschema erst in jüngster Zeit unternommen wurde (vgl. Weber, E., 1972 b). Es sind dies erstens der sogenannte *autoritäre Erziehungsstil,* in mehr oder minder starker Ausprägung seit eh und je praktiziert, seit einigen Jahrzehnten Gegenstand empirischer Untersuchungen und ablehnender Kritik, nichtsdestoweniger auch gegenwärtig in allen Erziehungsbereichen weit verbreitet (vgl. S. 59 ff.); zweitens der sogenannte *antiautoritäre Erziehungsstil,* ein in erbitterter Gegnerschaft zum autoritären Stil entworfenes Modell, von nur sehr wenigen Erziehungspraktikern konsequent realisiert, aber in der gegenwärtigen Diskussion um moderne und bessere Erziehungsmethoden von zentraler Bedeutung (vgl. S. 69 ff.); drittens der um Nüchternheit bemühte und an Mündigkeit interessierte *emanzipatorische Erziehungsstil,* ebenfalls in Teilbereichen seit längerer Zeit Gegenstand empirischer Forschung, vielseitig erwünscht und empfohlen und dennoch nur sporadisch praktiziert (vgl. S. 85 ff.). Abschließend werden dann noch *sozialschichtenspezifische Erziehungsstile* erörtert, Stile also, die sich an echten Gruppen oder Subkulturen im soziologischen Sinne beobachten lassen (vgl. S. 93 ff.).

Für eine noch weitergehende Abstraktion des Stilbegriffes, wie sie in der Kunstgeschichte bereits herausgearbeitet wurde, im Bereich der Geschichte der Pädagogik jedoch ungleich schwerer gelingt, lassen sich auch Merkmalskomplexe bilden, die man als *Zeit-* oder *Epochalstile* bezeichnen kann. Schließlich sollte auch noch der in der Pädagogik von Eduard Spranger unternommene Versuch erwähnt werden, von überzeitlichen, Gruppen und Kulturen übergreifenden Grundmöglichkeiten des pädagogischen Vorgehens auszugehen und daraus sog. *Grundstile der Erziehung* zu entwerfen.

Die Sprangerschen Grundstile der Erziehung werden als Alternativen formuliert, die jeweils gleichberechtigte pädagogische Gedanken enthalten: inselhaft (isolierend) — weltnah; frei (liberal) — gebunden; vorgreifend — entwicklungsgemäß; uniform — individualisierend (Spranger, E., 1950; 1962, S. 39 ff.; vgl. auch die ausführl. Darstellg. bei Weber, E., 1972 a, S. 64 ff.). In diesem Zusammenhang lassen sich auch Wolfgang Klafkis „Grundmöglichkeiten" der Orientierung erzieherischen Handelns anführen: der am Kulturgut der Vergangenheit orientierte „pädagogische Traditionalismus", der von der Gegenwart bestimmte „pädagogische Aktualismus" und der die Zukunft antizipierende „pädagogische Utopismus" (Klafki, W., 1963, S. 9 ff.). All diese sehr abstrakten Stiltypen werden jedoch im vorliegenden Band nicht dargestellt.

Ein enger Zusammenhang zwischen Erziehungsstilen und Erziehungsmethoden besteht darin, daß sich ein Erziehungsstil, wie bereits ausgeführt, aus einer typischen Auswahl erzieherischer Verhaltensweisen zusammensetzt, denen der Charakter des Methodischen anhaftet. Bei der Unterscheidung von Erziehungsstilen kommt es dann jeweils ganz besonders darauf an, welche Erziehungsmethoden in welchem Ausmaß zur Anwendung kommen, d. h. welche Erziehungspraktiken immer wiederkehren, ob und welche lernwirksamen Umweltbedingungen geschaffen werden, im Unterricht außerdem auch darauf, welche Sozialformen dominieren. *Erziehungsmethodisches Vorgehen läßt sich also in deutlich unterscheidbaren Stilformen verwirklichen* oder anders ausgedrückt, *Erziehungsstile sind typische Realisationsmöglichkeiten des erziehungsmethodischen Vorgehens.*

3.1 Anmerkungen zur empirischen Stilforschung

Der Darstellung der genannten drei Stiltypen seien einige Anmerkungen zur empirischen Erziehungsstilforschung vorangestellt. Dabei gilt es zu beachten, daß primär jene beiden Stile Gegenstand von Untersuchungen waren, die hier als autoritär und als emanzipatorisch bezeichnet werden.
Der aus Deutschland in die Vereinigten Staaten emigrierte Psychologe Kurt Lewin und seine amerikanischen Mitarbeiter begannen 1939 ihre berühmten Gruppenexperimente (Lewin, K., R. Lippit, R. K. White, 1939) mit dem *autokratischen Führungsstil,* dem *demokratischen* und später auch mit dem völlig gewährenlassenden *Laissez-faire-Stil* zu veröffentlichen.

Lewin experimentierte im außerschulischen Bereich mit 10- bis 11jährigen Jugendlichen, aus denen er mehrere Freizeitgruppen zu je fünf Mitgliedern zusammenstellte.

Diese Gruppen mußten aus forschungsmethodischen Gründen im Hinblick auf Intelligenz, Schulleistung, soziale Kontaktfähigkeit u. a. möglichst gleichartig sein. Jeder Gruppe wurde ein Erwachsener zugeteilt, der während der mehrstündigen Bastelarbeiten einen bestimmten Führungsstil zu praktizieren hatte. Im Laufe des mehrmonatigen Experiments erhielt jede Gruppe nach einer bestimmten Teilphase einen anderen Gruppenleiter und kam damit jeweils auch in den Genuß eines anderen Führungsstils. Auch die Gruppenleiter selbst hatten beim Wechsel von Gruppe zu Gruppe jeweils einen anderen Führungsstil zu praktizieren — wiederum aus forschungsmethodischen Gründen, weil dadurch die Wirkung des Führungsstils deutlicher hervortrat und die Wirkung individueller Persönlichkeitsmerkmale, die das Resultat des Experiments hätten verfälschen können, weitgehend neutralisiert wurde (vgl. die ausführliche Darstellung der Experimente K. Lewins bes. bei Walz, U., 1960, S. 37—64; auch bei Tausch, R. u. A., 1971, S. 177 ff.; Weber, E., 1972 a, S. 216 ff.).

In diesen Experimenten wurden den Gruppenleitern die einzelnen Verhaltensmerkmale des jeweiligen Führungsstils genau vorgeschrieben. In der Bestimmung und Auswahl dieser Merkmale orientierte sich Lewin nicht an der tatsächlich bestehenden Erziehungswirklichkeit, sondern seine Stiltypen sind *gedankliche Konstruktionen*, wobei er vor allen Dingen Merkmale und Gesichtspunkte autoritärer und demokratischer Systeme *aus dem politischen Bereich* heranzog. Bereits die Stilbezeichnungen selbst mit Attributen aus der politischen Sprache — autokratisch und demokratisch — weisen auf diese Beziehungen hin. Natürlich läßt sich nicht leugnen, daß zwischen autoritärem bzw. demokratischem Verhalten im politischen Bereich und dem im Erziehungsbereich zahlreiche Ähnlichkeiten bestehen.

Unter Normalbedingungen der Erziehungswirklichkeit in Kindergärten und Schulen und nicht unter künstlichen Bedingungen des Experiments untersuchten in den USA Harold H. Anderson und Mitarbeiter das faktisch gegebene Erziehungsverhalten in seinen Auswirkungen auf das Verhalten der Kinder (Anderson, H. H., J. E. Brewer, M. F. Reed, 1946). Sie gelangten zu der globalen Unterscheidung zwischen einem *dominativen* und einem *integrativen Erziehungsstil*; diese beiden Stile weisen jeweils viele Gemeinsamkeiten mit dem autoritären bzw. dem demokratischen Stil auf. Gegenüber Lewins experimentellen Stilentwürfen handelt es sich jedoch bei den von Anderson in der Realität beobachteten Stilen gewissermaßen um *Mischtypen,* die sich in ihren Merkmalen nicht durch ein „Entweder-Oder", sondern eher durch ein „Mehr oder Weniger" unterscheiden.

In der beobachteten Erziehungspraxis dürfte es keinen dominativen Erziehungsstil geben, der nicht auch einen gewissen Anteil an integrativen Merkmalen aufweist, umgekehrt muß auch die optimale Unterrichtsführung mit dem integrativen Stil dominative Elemente enthalten. Der quantitative Anteil dominativer und integrativer Verhaltensmerkmale in einer bestimmten Zeiteinheit (z. B. innerhalb einer Unterrichtsstunde), der sich durch den sogenannten *„Integrations-Dominations-Quotienten"* (IDQ) ausdrücken läßt, bestimmt letztlich, welchem der beiden Stile ein Erzieher in welchem Grade zuzuordnen ist. Der IDQ errechnet sich aus der Summe der integrativen Verhaltensweisen (S_I), dividiert durch die Summe der dominativen (S_D), multipliziert mit der Zahl 100.

$$IDQ = \frac{S_I}{S_D} \cdot 100$$

Anderson stellte fest, daß der dominative Unterrichtsstil ungleich häufiger als der integrative praktiziert wird und daß bei ihm die dominativen Elemente gewöhnlich das Vierfache der integrativen Elemente ausmachen (IDQ = 25), während das optimale Verhältnis im integrativen Stil etwa bei einem IDQ von 190 liegt.

Was die Auswirkungen des dominativen und integrativen Stiles betrifft, so konnten im wesentlichen die Resultate Lewins bestätigt werden (vgl. die Darstellung bei Tausch, R. u. A., 1971, S. 182 ff.; Weber, E., 1972 a, S. 225 ff.). Diese Ergebnisse werden in die Darstellung des autoritären bzw. des emanzipatorischen Erziehungsstils eingearbeitet.

Vom Standpunkt der neueren Unterrichtsforschung aus betrachtet, lassen sich einige kritische Einwände gegenüber den Arbeiten von Lewin und Anderson formulieren, ohne daß damit deren Verdienste in Frage gestellt werden: Das Verhalten von Erziehern wird durch Einteilung in zwei oder drei Stiltypen nur global, also zu undifferenziert, erfaßt. Lewins Stilkategorien sind politisch-ideologisch belastet. Die Auswahl und Zuweisung von Einzelmerkmalen zu Stilkategorien erfolgt intuitiv; es wird nicht empirisch geprüft, inwieweit Einzelmerkmale tatsächlich zusammengehören und in welchem Ausprägungsgrad sie auftreten. Auch dic Auswirkungen auf das Verhalten der Kinder und Jugendlichen werden nur über die globalen Stilkategorien und nicht über differenziertere Kategorien erfaßt.

Im deutschsprachigen Raum ist vor allem das Ehepaar Reinhard und Anne-Marie Tausch mit zahlreichen Arbeiten zum vorliegenden Thema hervorgetreten, die in dem Buch „Erziehungspsychologie“ zusammengefaßt sind (Tausch, R. u. A., *1971*). Das sich über Jahre erstreckende untersuchungsstrategische Vorgehen des Forschungskreises um Tausch läßt sich durch mehrere Schritte charakterisieren (Nickel, H., 1971, S. 142 f.):

In den allerersten empirischen Untersuchungen vor und kurz nach 1960 wurde noch mit den beiden herkömmlichen globalen Stilkategorien gearbeitet. Dabei wurde zunächst bei Lehrern ein erschreckendes Ausmaß autokratischer Verhaltensweisen festgestellt (Tausch, A., 1958 a; Tausch, A., 1958 b), auch konnten aufschlußreiche Auswirkungen der Verhaltensstile auf das Erleben und Verhalten der Schüler ermittelt werden (Tausch, A., 1960; Tausch, A., 1962). Ausgehend von der Einsicht in die oben genannten Schwächen globaler Stilkategorien ging man jedoch bald dazu über, das Ausmaß und die Folgen von Einzelmerkmalen des Lehrerverhaltens zu untersuchen. Dabei wurde u. a. erstmals offenkundig, wie stark eigentlich der Unterricht von permanenten Fragen, Aufforderungen und Befehlen des Lehrers beherrscht wird und daß mit deren Anstieg die Aktivität, Spontaneität und Fragelust des Schülers absinkt (Tausch, R., 1960; Tausch, R., 1962). Da sich jedoch erwartungsgemäß bald herausstellte, daß viele solcher Verhaltensmerkmale nicht unabhängig voneinander auftreten, sondern statistisch eng korrelieren (zusammenhängen), wurde gewissermaßen in einer *weiteren Phase* mit Hilfe mathematisch-statistischer Verfahren gezielt nach relativ *unabhängig voneinander auftretenden Merkmalsgruppen* oder sog. *Verhaltensdimensionen* geforscht. Bei diesen Untersuchungen, in denen die Analyse von Merkmalsgruppen oder Verhaltensdimensionen im Mittelpunkt stand, mußte man natürlich möglichst zahlreiche Einzelmerkmale des Verhaltens protokollieren und auf ihren Ausprägungsgrad hin einschätzen, um ein möglichst umfassendes Material von Merkmalen zu bekommen, die im Hinblick auf ihre Zusammengehörigkeit statistisch zu verarbeiten waren (vgl. Tausch, R., H. Köhler, B. Fittkau, 1966; Tausch, A., R. Tausch, B. Fittkau, 1967). Die vergleichende und zusammenfassende Betrachtung mehrerer solcher Untersuchungen über Verhaltensdimensionen führte schließlich zur vorläufigen Hervorhebung von *zwei ganz im Vordergrund stehenden Hauptdimensionen* des Erzieherverhaltens, die im übrigen weitgehend identisch sind mit jenen, die bereits vorher in amerikanischen Untersuchungen über elterliches Erziehungsverhalten gefunden worden waren:

1. *Die emotionale Dimension* mit positiver oder negativer Ausprägung (z. B. Wertschätzung, Zuneigung — Geringschätzung, Abneigung).
2. *Die Lenkungs-Dimension* mit positiver oder negativer Ausprägung (z. B. minimales Ausmaß an Befehlen — maximales Ausmaß an Befehlen).

Diese beiden Hauptdimensionen werden eingehend zu erörtern sein. Die Arbeiten sind keineswegs abgeschlossen, sondern die Ergebnisse Tauschs lassen sich empirisch auf allen Stufen weiter absichern, präzisieren oder auch modifizieren. Ausdrücklich hervorzuheben gilt es — und das ist ein sehr wichtiges Ergebnis des auf Differenzierung angelegten Ansatzes von Tausch —, daß im faktischen Verhalten eines Erziehers negative Ausprägungen in der emotionalen Dimension nicht notwendig gekoppelt auftreten müssen mit intensiven bzw. negativ bewerteten Ausprägungen in der Lenkungsdimension. Im Konzept des herkömmlich autoritären oder dominativen Erziehungsstils war dies jedoch vorausgesetzt worden. Natürlich kann beides gegeben sein, ein derartig autoritärer Erziehungsstil existiert, aber man wird dem Verhalten in der Beurteilung wesentlich gerechter, wenn man im Sinne Tauschs differenziert.

Da sich die *einzelnen Verhaltensweisen* des Lehrers, vor allen Dingen sprachliche Äußerungen, durch neutrale Beobachter z. B. mittels numerischer Skalen (—3, —2, —1, 0, +1, +2, +3) auf ihren Ausprägungsgrad einschätzen und eintragen lassen (die Lehreräußerung „du Rindvieh, von dir bekommt man nie eine vernünftige Antwort" wäre z. B. ziemlich eindeutig auf der Stufe —3 auf der Skala „Wertschätzung — Geringschätzung" einzutragen), da sich also Einzelmerkmale des Verhaltens quantifizieren lassen, ist es auch möglich, das *Gesamtverhalten* eines Lehrers innerhalb einer bestimmten Zeiteinheit (z. B. Unterrichtsstunde, -vormittag) statistisch zu erfassen. Berücksichtigt man dabei die beiden genannten Hauptdimensionen, dann läßt sich nach Tausch das Erzieherverhalten insgesamt durch Lokalisation in einer Art von *Koordinatensystem* charakterisieren (vgl. Tausch, R. u. A., 1971, S. 162). Da übrigens die vertikal angelegte

Lenkungsdimension sinnvollerweise nicht in Stufen von —3 bis +3, sondern in Stufen von 0 bis 6 unterteilt wird, ergibt sich eine mathematische Inkonsequenz: Stufe 3 liegt im Schnittpunkt, an der Stelle, wo die horizontal angelegte emotionale Dimension gleichzeitig ihren Nullpunkt hat (vgl. Abbildung 1). Auf dem graphischen Schema kann man z. B. die Lage der herkömmlichen Typen des autokratischen bzw. dominativen Stils (A), des demokratischen bzw. sozialintegrativen Stils (D) und des Laissez-faire-Stils (L) genauer bestimmen. Über

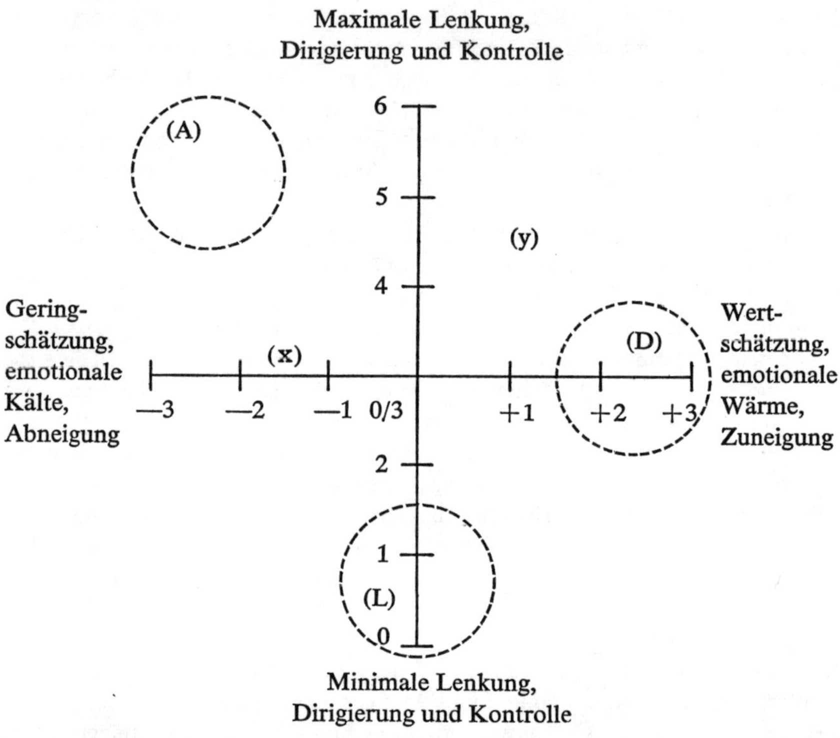

Abb. 1: Schema zur Darstellung der beiden Hauptdimensionen nach R. u. A. Tausch (1971, S. 162 und S. 172).

diese reinen Stiltypen im Sinne von Idealtypen hinaus läßt sich aber vor allen Dingen das reale Verhalten eines Erziehers lokalisieren, das sich ja zumeist als Mischtyp darstellt. So wäre z. B. das Verhalten des Lehrers x noch durch ein vernünftiges Maß an Lenkung und Kontrolle gekennzeichnet, Geringschätzung und emontionale Kälte gegenüber den Schülern würden jedoch bereits bedenkliche Formen annehmen. Lehrer y dagegen ist freundlicher, Lenkung und Kontrolle aber sind stärker ausgeprägt als bei x.

3.2 Der autoritäre Erziehungsstil

So einfach es sein mag, rein formal den Begriff „Erziehungsstil" zu bestimmen, so schwer ist es, einen ganz bestimmten Erziehungsstil, beispielsweise den autoritären, inhaltlich eindeutig zu kennzeichnen. Wie und durch wen soll verbindlich festgelegt werden, welchen Verhaltensmerkmalen im einzelnen das übergeordnete Prädikat „autoritär" zugesprochen werden darf? Man ist sich gegenwärtig einig in der Ablehnung bestimmter Grundtendenzen, z. B. in der Ablehnung der sehr stark ausgeprägten Ich-Zentriertheit, des massiven, rational nicht gerechtfertigten Herrschaftszwanges oder der Unterdrückung und Mißachtung der kindlichen Persönlichkeit; es besteht jedoch keineswegs allgemeiner Konsens darüber, ob oder in welchem Ausmaß z. B. das Vortragen und Dozieren des Lehrers als autoritäre Merkmale zu gelten haben.
In der folgenden Darstellung wird davon ausgegangen, daß sich autoritäre Erziehung durch die negativen Ausprägungen der Lenkungs-Dimension und der emotionalen Merkmalsdimension im Sinne Tauschs charakterisieren läßt. Aus welchen einzelnen Verhaltensmerkmalen sich die beiden Hauptdimensionen insgesamt zusammensetzen, wird also zum einen Teil aus diesem Abschnitt, zum anderen Teil aus den Abschnitten über den antiautoritären und emanzipatorischen Erziehungsstil ersichtlich.

3.2.1 Äußerungsformen

Intensive Lenkung und Führung sind in den über Jahrhunderte tradierten Erziehungsvorstellungen als wesentliche Grundmerkmale der Erziehung überhaupt angesehen worden. Diese Anschauung gilt es gegenwärtig stark einzuschränken. Führung und Lenkung pervertieren leicht und häufig in ungerechtfertigten Herrschaftszwang und Dirigismus. Wenn im folgenden eine Reihe von Merkmalen beschrieben wird, so ist darauf zu achten, daß nicht schon das isoliert vom Gesamtverhalten beobachtete Einzelmerkmal den autoritären Erzieher kennzeichnet, sondern das häufige und überwiegende Vorkommen dieser Merkmale. Außerdem ist zu sehen, daß die darzustellenden Merkmale nicht nur für den autoritären Unterrichtsstil, sondern für den autoritären Stil in allen Erziehungsbereichen typisch sind (auch wenn sich empirische Untersuchungen und Beispiele vor allem auf den Schulbereich beziehen).

a) Häufige Befehle und Anordnungen

Auf Lenkungsmaßnahmen in Form von *Befehlen und Anordnungen* kann in der Erziehung nicht verzichtet werden; aber welches Ausmaß diese im eigenen Gesamtverhalten annehmen, ist dem Erzieher häufig gar nicht bewußt; sie sind vielfach überflüssig, beziehen sich kleinlich auf Geringfügigkeiten und laufen auf Gängelei hinaus: „Sag schön freundlich ‚guten Tag'!" — „Du sollst nicht immer

mit den Beinen wackeln!" — „Aufstehen, guten Morgen, hinsetzen!" — „So, geh wieder an deinen Platz!" usw.
Das bei verschiedenen Lehrern sehr unterschiedliche Ausmaß an Lenkung innerhalb vergleichbarer Zeiteinheiten weist darauf hin, daß nur von manchen die Chance genutzt wird, tolerierbare Verhaltens- und Entscheidungsspielräume für Schüler zu schaffen und den Unterrichtsverlauf nicht bis ins kleinste zu dirigieren.

Bei systematischer Beobachtung von 50 Unterrichtsstunden, gehalten von 30 Lehrern des 3. bis 5. Schuljahres, konnten im Durchschnitt pro Unterrichtsstunde (40 Min.) 52 Befehle und Aufforderungen registriert werden (Tausch, R., 1960). In einer anderen Untersuchung (73 Unterrichtsstunden, 73 Lehrer des 1. bis 8. Schuljahres) wurde dieses Ergebnis mit 57 Befehlen und Aufforderungen sogar noch übertroffen (Wieczerkowski, W., 1965). Diese Angaben sind als sehr hoch zu bezeichnen (mehr als ein Befehl/Aufforderung pro Minute!), wenn man bedenkt, daß es sich um Durchschnittswerte handelt, von denen manche Lehrer noch beträchtlich nach oben hin abweichen.

Da als selbstverständlich gilt, daß alle Entscheidungen nur vom Erzieher getroffen und ihre Ausführungen allein durch ihn geleitet werden können, glaubt dieser auch, über das jeweilige Ziel und die entsprechenden Einzelschritte keine Begründungen oder Rechtfertigungen abgeben zu müssen. Widerstände werden mit erhöhtem Zwang beantwortet; häufiger Tadel, Verwarnungen, Drohungen und Strafen sind die Reaktionen, die bei Nichtbeachtung von Anweisungen und Befehlen erfolgen.

b) Häufiges Fragen

Es ist nicht zu bezweifeln, daß permanentes Fragen zwar das Denken der Befragten aktiviert, daß jedoch die Richtung des Denkens vom Fragenden bestimmt und dirigiert wird. Dies kann zuweilen mit unerträglicher Beharrlichkeit geschehen. Andererseits ginge es entschieden zu weit, wollte man prinzipiell den unterrichtsmethodischen Fragen, die ja die Problemhaftigkeit eines Sachverhalts eröffnen und darauf die Aufmerksamkeit lenken, jeden Sinn streitig machen, wie dies von einigen Reformpädagogen versucht wurde (Lehrerfragen sind unsinnig und lebensfern, weil der Lehrer, der die Sache kennt, einen Schüler fragt, der sie nicht kennt; es sollte umgekehrt sein!). Demgegenüber hat Hans Aebli die didaktische Bedeutung der Lehrerfrage — allerdings unter dem „Prinzip der minimalen Hilfe" — wieder rehabilitiert (vgl. Aebli, H., 1961, S. 139 ff.). Wenn jedoch der Unterricht fast ausschließlich im sogenannten *fragend-entwickelnden Verfahren* bestritten wird, wenn der kleinste Denkschritt durch eine vorausgehende Frage bereits festgelegt wird, dann wird das methodische Vorgehen zum geistigen Gängelband.

In einer Untersuchung (35 Unterrichtsstunden, gehalten von 30 Lehrern des 3. und 4. Schülerjahrgangs) wurden pro Unterrichtsstunde durchschnittlich 56 Lehrerfragen ermittelt, während die Schüler insgesamt durchschnittlich 2,2 Fragen an den Lehrer stellten. Daraus läßt sich errechnen, daß bei gut 30 Schülern pro Klasse und 5 Unterrichtsstunden pro Tag ein Schüler im Durchschnitt (!) alle 3 Tage eine einzige Frage an den Lehrer stellt, während der Lehrer in diesem Zeitraum auf etwa 800 Fragen kommt (Tausch, R., 1960). In anderen Untersuchungen lag der Durchschnitt sogar bei 86 bzw. 88 Lehrerfragen pro Stunde (Tausch, R., 1962; Wieczerkowski, W., 1965). Hier erfolgt somit alle 30 Sekunden eine Lehrerfrage, der Unterricht erhält den Charakter einer permanenten Prüfung; da die Fragen zumeist an die gesamte Klasse gerichtet werden, also jeder Schüler sich eine Antwort zurechtlegen muß, stets aber nur einer antworten kann, wirkt dieses Verfahren auch entmutigend und frustrierend auf den einzelnen. Auf die Folgen soll jedoch noch gesondert eingegangen werden.

c) Das Ausmaß des Sprechens

Nicht nur häufige Befehle und Fragen weisen auf intensive Lenkung hin, sondern auch *das Ausmaß des Sprechens überhaupt*. Der Dialog zwischen Erzieher und zu Erziehendem tendiert häufig zum Monolog. Der Lehrervortrag mag unverzichtbarer Bestandteil des Unterrichts, die sprachliche Belehrung unverzichtbarer Bestandteil der Erziehung überhaupt sein, häufig jedoch überschätzt der Erzieher maßlos die Bedeutung seiner Worte und unterschätzt den erzieherischen Wert, welcher dem Zu-Wort-kommen-lassen anderer zukommt.

Der Anteil der vom Lehrer im Unterricht gesprochenen Wörter dürfte in etwa zwischen 60% (Tausch, R., 1962) und 80% (Clauß, G., zit. bei Tausch, R. u. A., 1971, S. 212) liegen. Es läßt sich leicht errechnen, wieviel an Äußerungsmöglichkeiten für den einzelnen Schüler verbleiben, wenn die gesamte Klasse nur in einem Anteil von 20% — 40% zu Wort kommt. Obwohl in der Untersuchung von R. Tausch 10 verschiedene Lehrer über den gleichen Gegenstand im gleichen Schülerjahrgang unterrichteten, traten erstaunliche individuelle Unterschiede zutage: der extrem viel sprechende Lehrer sprach fünfmal so viel wie der extrem wenig sprechende Lehrer. Außerdem ist interessant, daß die bei der Untersuchung beobachteten Lehrer auf eine entsprechende Frage hin den Anteil ihrer eigenen Äußerungen, gemessen am Anteil der tatsächlich beobachteten Äußerungen stark unterschätzten und den Anteil der Schüleräußerungen entsprechend überschätzten (Tausch, R., 1962).

Wie sehr die Person des Lehrers dominiert, wie stark der Unterricht auf ihn persönlich zentriert ist, erweist sich bei seinen sprachlichen Äußerungen u. a. auch in der häufigen Verwendung der Fürwörter „ich", „mir" und „mich". Damit stellt sich der Lehrer zuweilen völlig ungerechtfertigt anstelle der Sache in den Mittelpunkt des Unterrichtsgeschehens.

Abschließend und zusammenfassend sei festgestellt, daß das Erteilen von Befehlen und Anweisungen, das häufige Stellen von Fragen sowie das hohe Ausmaß des Sprechens statistisch eng korrelieren. Bei Lehrern des 3. Schülerjahrgangs wurden die Zeitintervalle gemessen, die noch frei von solchen Lenkungsmaßnahmen des Lehrers blieben. Bei einem Drittel der untersuchten Unterrichtsstunden lag die längste lenkungsfreie Zeit bei 15 Sekunden und darunter (Tausch, R., 1962). Die geschilderten Formen dirigistischer Lenkung ließen sich schon beträchtlich reduzieren, wenn Lehrer ihren Unterricht, der fast ausschließlich vom Frontalunterricht geprägt wird, durch andere Sozialformen auflockern würden (vgl. S. 16 ff.).

d) Äußerungen der Geringschätzung

Mit den bisherigen Merkmalen autoritären Verhaltens wurden negativ zu bewertende Kennzeichen der Lenkungs-Dimension dargestellt. Die folgenden Merkmale des autoritären Erziehungsstils charakterisieren *den negativen Pol der emotionalen Dimension*. Erziehungsmaßnahmen, welche aus direkten sozialen Interaktionen bestehen, sind stets auch von ganz bestimmten Gefühlen begleitet, die dem zu Erziehenden entgegengebracht werden. Diese Gefühle können von sehr unterschiedlicher Art sein; sie können auch sehr unterschiedliche Auswirkungen hervorrufen, wie später noch zu zeigen sein wird. Die Möglichkeiten der Gefühlsäußerung werden in der emotionalen Dimension zusammengefaßt.

Ein Merkmal dieser *Gefühlsdimension* kennzeichnen R. und A. Tausch mit „*Wertschätzung/Geringschätzung*" (Tausch, R. u. A., 1971, S. 315 ff.). Wie alle anderen stellt auch dieses Merkmal ein Kontinuum mit zwei Extrempolen dar; konkrete Äußerungen lassen sich gemäß ihrer eingeschätzten Ausprägung auf einer numerischen Schätzskala antragen. Im Zusammenhang mit der Erörterung des autoritären Erziehungsstils ist jedoch hier nur auf die negativ bewertete Seite dieses Merkmals, auf die Geringschätzung, einzugehen. Geringschätzung offenbart sich nach Tausch in Äußerungen der Unfreundlichkeit, Verärgerung, Unhöflichkeit, Intoleranz, Unberrschtheit, Verachtung, Beleidigung u. ä.

Den unterschiedlichen Ausprägungsgrad geringschätziger Lehreräußerungen können folgende Beispiele veranschaulichen: Als relativ harmlos auf Stufe —1 wird folgender Satz eingestuft: „Ja, ja, das wissen wir ja nun schon, Hans." Als wesentlich verletzenger gelten folgende Aussprüche: „Stell dich mal hin, dann rutscht es vielleicht besser in dein Gehirn!" (Stufe —2) oder: „Du Idiot, wenn du noch mal so'n Quatsch sagst, scheuer' ich dir eine!" (Stufe —3). An diesen und vielen anderen in der Schulwirklichkeit protokollierten Äußerungen wurden die Schätzskalen Tauschs entwickelt, was nicht einfach ist, weil im konkreten Fall auch Tonfall und Mimik mit Berücksichtigung finden müssen (vgl. Tausch, R. u. A., 1971, S. 331 ff.).

Betroffen von der Geringschätzung des Erziehers sind vor allem leistungsschwache Schüler, die in der Sprache des autoritären Lehrers als Dummköpfe oder Faulpelze geführt werden, und den Unterricht störende Schüler, die z. B. im Ruf von Tratschtanten, Querulanten, Dickköpfen, Lümmeln, Idioten stehen.

Eine ganz spezifische Form der Geringschätzung äußert sich auf seiten von Eltern und Lehrern auch in der *übertriebenen Kontrolle* und im *Kritisieren von Kleinigkeiten*. Man traut dem zu Erziehenden nur wenig oder nichts zu. Vorschuß an Vertrauen und Gelegenheiten zur Selbstkontrolle werden nicht gewährt.

Unbeherrschtheit und die Geringschätzung rangniederer Individuen ermöglichen dem autoritären Erzieher, seinen augenblicklichen Launen unkontrollierten Lauf zu geben.

e) Äußerungen der Verständnislosigkeit

Das Merkmal Verständnis/Verständnislosigkeit ist in seiner negativen Form nicht leicht vom Merkmal der Geringschätzung zu unterscheiden. *Verständnislosigkeit* erweist sich vor allen Dingen im fehlenden Einfühlungsvermögen in die seelische Situation des zu Erziehenden, woraus Ungeduld, Unnachsichtigkeit, rigorose Strenge, unangemessener Tadel und rücksichtslose Strafen resultieren.

Verständnislosigkeit tritt häufig offen zutage, wenn bei Disziplinverstößen oder bei Streit unter Kindern ohne Prüfung des Sachverhalts und ohne Berücksichtigung der Individualität der Betroffenen eingeschritten wird. Ein Beispiel: Zwei Geschwister haben sich im Kinderzimmer gezankt und kommen heulend zur Mutter gerannt. Mutter: „Ich will gar nichts hören, da ist doch einer wie der andere!“ Sie nimmt beide und sperrt sie im Kinderzimmer ein.

Verständnislosigkeit äußert sich aber auch in der Nichtbeachtung speziell kindlicher und allgemein menschlicher Bedürfnisse (z. B. des kindlichen Bewegungsdranges, des allgemeinen Bedürfnisses nach sozialer Anerkennung) und im Ignorieren bestehender stofflicher Interessen von Schülern.
Die *starke Ich-Bezogenheit* des autoritären Erziehers führt auch dazu, daß er jedes Störverhalten als einen Angriff gegen seine Person und jede Leistung des zu Erziehenden als sein Verdienst mißversteht. Er sieht sich in allem persönlich angesprochen und demzufolge sind auch Lob und Tadel seinerseits persönlich und nicht sachlich gemeint. Er hat persönliche Feinde und persönliche Lieblinge, sein *rein subjektives „Verständnis“* wird beiden nicht gerecht.

f) Irreversible Äußerungen

Irreversibel heißt nicht-umkehrbar. *Mit irreversiblem Erzieherverhalten sind Äußerungsformen — vor allem sprachlicher Art — gemeint, die sich der Erzieher als vermeintlich Ranghöherer herausnehmen zu können glaubt, die jedoch gegen Höflichkeit und Anstand verstoßen, wenn sie von Kindern und Jugendlichen gegenüber Erziehern in Anwendung kommen.* Irreversibilität ist wie das Merkmal der Verständnislosigkeit eng verknüpft mit dem Merkmal der Geringschätzung und von diesem nicht immer eindeutig zu trennen. Traditionellen Vorstellungen zufolge gelten irreversible Erzieheräußerungen noch weitgehend als akzeptabel und selbstverständlich. Bei kritischer Betrachtung erweist sich jedoch ihr gehäuftes Auftreten als Symptom ungerechtfertigter hierarchischer Zustände. Weshalb soll dem einen erlaubt sein, was dem anderen nicht erlaubt ist, zumal dies im vorliegenden Falle der Sache eher abträglich ist als nützt, wie noch darzustellen sein wird. Häufig werden Höflichkeit und Takt der Eltern gegenüber ihren Kindern sowie des Lehrers gegenüber seinen Schülern klein geschrieben, während man sie umgekehrt jedoch fordert.

Das Fehlen von „bitte“ und „danke“ in der Sprache des Erziehers wird man noch als relativ harmlos bezeichnen können, vor allem wenn man bedenkt, daß die permanente Verwendung dieser Höflichkeitswörter, wie sie etwa Tausch befürwortet (Tausch, R.

u. A., 1971, S. 371), zuweilen unerträglich werden kann. Daß es Erzieher häufig nicht für nötig halten, ihre Forderungen zu begründen oder sich für begangene Fehler zu entschuldigen, wiegt schwerer. Typisch irreversible Äußerungsformen, die autoritäre Erzieher bisweilen sogar für geistreich halten, sind ironische Anreden und Kommentare: „Richtig, sag's laut, Dicker!" — „Du da hinten, mit deiner komischen Frisur!" — „Aus was für 'nem Milieu stammst du denn?" u. ä. (vgl. Tausch, R. u. A., 1971, S. 370 ff.).

Bei einer Kritik der Irreversibilität der Sprache ist nicht nur aufzuzeigen, was sich der autoritäre Erzieher unberechtigterweise an Privilegien herausnimmt, es ist auch darauf hinzuweisen, daß er unberechtigterweise manche Äußerungen der zu Erziehenden als Taktlosigkeiten oder Frechheiten interpretiert, weil sie ihm unbequem sind. In einem demokratischen System ist beispielsweise die Kritik auch an geachteten Autoritäten eine Selbstverständlichkeit, weil Kritik zur Selbstkontrolle und zur Verbesserung des eigenen Verhaltens veranlaßt. Der autoritäre Erzieher jedoch ist einer Kritik durch Kinder und Jugendliche nicht zugänglich, weil er diese in allen sein Verhalten betreffenden Fragen für völlig inkompetent hält.

Die beschriebenen Verhaltensmerkmale des autoritären Erziehungsstils beruhen zumeist auf Einstellungen und Anschauungen, denenzufolge zwischen Erzieher und zu Erziehendem ein Verhältnis der Über- und Unterordnung zu bestehen hat. Allein der Ranghöhere trägt Verantwortung, allein er lenkt, entscheidet und kontrolliert. Er hat Sonderrechte und nützt diese zur Aufrechterhaltung der hierarchischen Verhältnisse. Als Haupttugenden gelten u. a. blinder Gehorsam und Anpassungsbereitschaft, denn diese sind die besten Garanten für Störungsfreiheit und Ruhe. Ein solches Erziehungskonzept entspricht ganz den *Intentionen einer autoritären Gesellschaft*, welche um ihre Erhaltung besorgt ist und dazu des konformen und völlig angepaßten Nachwuchses bedarf. Kann man nun behaupten, daß demjenigen, der autoritäre Erziehung betreibt, als Erziehungsziel stets auch ein unkritischer und eingeschüchterter Untertanengeist vorschwebt? Man wird mit derartigen Unterstellungen zurückhaltend sein müssen. Autoritäre Erziehungspraktiken gehören nämlich mit zum Traditionsbestand des Verhaltens; und über das Ausmaß und die Konsequenzen traditionsbestimmter Verhaltensmuster wird gewöhnlich nicht viel nachgedacht. Man hat autoritäre Erziehung am eigenen Leibe erfahren, sie in einer autoritären Umwelt als selbstverständlich zu betrachten gelernt und sie schließlich selbst übernommen, ohne dabei an die möglichen Folgen zu denken und ohne diese unbedingt gutzuheißen. Berücksichtigt man außerdem, daß die Ursache autoritärer Praktiken häufig auch in der Überforderung der Erzieher liegt (z. B. Überforderung der Eltern durch Berufstätigkeit oder der Lehrer durch überfüllte Klassen), dann wird zumindest teilweise verständlich, daß bei Erziehern häufig beträchtliche Widersprüche auftreten zwischen dem, was sie letztlich wollen und positiv beurteilen und dem Verhalten, welches sie tatsächlich praktizieren.

So wurden z. B. in einer Untersuchung Lehrer gebeten, sich spontan darüber zu äußern, was sie in bestimmten erziehungsschwierigen Situationen tun würden. Dabei wurde ein erhebliches Ausmaß autoritärer Maßnahmen zu Protokoll gegeben. Ein Jahr später wurden diese Lehrer noch einmal ersucht, angesichts derselben erziehungsschwierigen Situationen eine Auswahl verschiedener Erziehungspraktiken im Hinblick auf ihre Tauglichkeit zu bewerten. Hier erwies sich nun, daß die ursprünglich selbst geäußerten autoritären Erzieherreaktionen bei distanzierter Betrachtung weitgehend abgelehnt wurden; es kann also eine erhebliche Diskrepanz zwischen dem bestehen, was Lehrer erzieherisch für richtig halten und dem, was sie tatsächlich tun (Tausch, A., 1958 a).

Auf die in der empirischen Erziehungsstilforschung immer wieder erhobene Frage nach den Folgen autoritären Verhaltens soll im folgenden Abschnitt eingegangen werden.

Folgen des autoritären Verhaltens

3.2.2 *Auswirkungen und Kritik*

Es wurde an früherer Stelle gesagt, daß es im Bereich der Sozialwissenschaften nicht möglich ist, exakte Gesetzmäßigkeiten im Sinne eindeutiger Wenn-dann-Beziehungen festzustellen (vgl. S. 27 ff.). Auch die Aussagen über konkrete Folgen des autoritären Erziehungsstils tragen den Charakter mehr oder weniger hoher Wahrscheinlichkeit, je nachdem, um welche Formen und Ausprägungen dieses Stils es sich handelt. Natürlich gibt es auch Konsequenzen, die sich unmittelbar aus der Logik der Sache ergeben, z. B.: Je mehr der Lehrer redet, um so weniger kommen die Schüler zu Wort. An dieser Art von Gesetz ist nicht zu zweifeln, aber dieses ist eben auch trivial. Von Interesse wäre z. B. erst die Frage, was denn geschieht, wenn Schüler nicht oder zu selten zu Wort kommen. Aussagen darüber aber sind prinzipiell *Hypothesen* von mehr oder minder hoher Wahrscheinlichkeit, je nachdem, ob sie bereits erfahrungswissenschaftlich erhärtet werden konnten oder sich auf theoretisch abgeleitete Vermutungen stützen, die noch der empirischen Bestätigung bedürfen. Indessen kann man die Ergebnisse zum vorliegenden Problem als *relativ gesichert* betrachten, weil sie in ihrer Grundtendenz wiederholt empirisch belegt werden konnten.

a) Auswirkungen im Bereich der Lenkungsdimension

Wenn sich schon bei kurzfristigen Beobachtungen und Experimenten unverkennbare Auswirkungen intensiver Lenkung abzeichnen, dann läßt sich ermessen, welchen gravierenden persönlichkeitsprägenden Erfahrungen das Individuum ausgesetzt sein kann, wenn es in Elternhaus, Schule und Berufsausbildung unter Umständen über nahezu zwei Jahrzehnte hinweg reglementiert wird. Welches sind nun die Auswirkungen, mit denen bei intensiver Lenkung zu rechnen ist (vgl. Tausch, R. u. A., 1971, S. 216 ff.)? Auf den ungerechtfertigten Machtanspruch fortwährender *Befehle und Anweisungen* folgen relativ spontan Formen des *Widerstands* und der *Auflehnung*. Als Erklärung kann hier bereits die in zahlreichen Untersuchungen bestätigte Frustrations-Aggressions-Hypothese (vgl.

dazu bes. Dollard, J. u. a., 1970; Selg, H., Hrsg., 1971) herangezogen werden: Wenn menschliche Bedürfnisse und Vorhaben beschnitten werden (Frustration), was im vorliegenden Fall durch permanentes Reglementieren geschieht, dann reagiert das davon betroffene Individuum gewöhnlich mit Feindseligkeit (Aggression). Gehorsamsverweigerung und Aufsässigkeit werden damit verständlich. Da jedoch der Erzieher in der Regel am längeren Hebel sitzt, kann er mit gesteigerter Dominanz reagieren und rigorose Strafen androhen und durchführen. Die eigene Erfahrung oder das Wissen um diese Möglichkeit des Erziehers kann den zu Erziehenden dazu bringen, daß er *resigniert* und den *Anordnungen apathisch folgt*; zumindest der äußere Widerstand ist dann gebrochen.

Unter dem gleichbleibenden Druck stetiger Befehle und Anordnungen bleiben Kinder und Jugendliche *unselbständig*. Gelegenheiten für eigene Planungen und Entscheidungen werden nicht gewährt, *Selbstsicherheit* und *Verantwortung* im Verhaltensbereich bleiben unterentwickelt. Die Unfähigkeit zu selbständigem Handeln kann schließlich so weit führen, daß bei freier Entscheidungsmöglichkeit Anweisungen sogar ausdrücklich erbeten werden.

Was den von Fragen dirigierten Unterrichtsverlauf betrifft, so wurde bereits erwähnt, daß die methodisch geschickt eingesetzte Frage zunächst eine wichtige Aufgabe erfüllt, indem sie Probleme erst sichtbar macht und das Denken des Schülers anregt. Andererseits ist aber bei einem von *fortlaufenden Fragen* beherrschten Unterricht damit zu rechnen, daß die Schüler aus ihrer *reaktiven Haltung* gar nicht mehr herauskommen. Wenn jeder einzelne Denkschritt durch eine Lehrerfrage vorherbestimmt wird, bleibt das *Denken der Schüler unselbständig*. Zum Erlernen selbständigen Denkens bedarf es der Gelegenheiten, in denen ausreichend Zeit für individuelles und unabhängiges Arbeiten gewährt wird; der Schüler muß lernen, Probleme selbst zu erkennen und selbst Fragen zu stellen. Mit zunehmender geistiger Lenkung aber nimmt seine Fragelust ab. Nicht zu unterschätzen ist auch, daß der einzelne Schüler in dem von Fragen beherrschten Frontalunterricht zwar unaufhörlich sich Antworten zurechtlegen und parat haben soll, daß er aber nur höchst selten Gelegenheit erhalten kann, seine Antwort auszusprechen. Dies ist auf die Dauer *entmutigend* und kann zu *Unlust, Unkonzentriertheit und Störungsbereitschaft* führen. Die Lehrerfrage, die in ihrer besten Form das Interesse wecken und zum Lernen motivieren kann, führt hier zum Gegenteil. Häufiges Fragen, gekoppelt mit dem Merkmal der Strenge und Geringschätzung verursacht bei leistungsschwächeren Schülern außerdem die berechtigte *Angst, bloßgestellt und blamiert zu werden.*

Bei einem *Übermaß an sprachlicher Aktivität* des Erziehers, der den Angesprochenen kaum jemals zu Wort kommen läßt, *wird verkannt, welche Bedeutung dem Sprechen selbst zur Schulung des Denkens* zukommt. Antworten in Form einzelner Wörter, unvollständiger oder auch vollständiger Sätze vermögen diese Lücke nicht zu füllen. Weitschweifige Vorträge und Belehrungen provozieren beim zum Schweigen verurteilten Kinde und Jugendlichen *Ermüdung, Unaufmerksamkeit und Störungsbereitschaft.* Jeder Erzieher ist deshalb der Gefahr ausgesetzt, daß er durch Inflation seiner Worte *wirkungslos* wird, wovon Befehle, Fragen, Belehrungen ebenso betroffen werden können wie Ermahnungen, Tadel und Drohungen.

Für den unnützen Aufwand an Worten und die sich entsprechend auswirkende Taubheit beim Angesprochenen findet sich bei Kurt Tucholsky ein amüsantes Beispiel: „... Max, was willste nu schon wieder? Nein, bleib hier! Du sollst hierbleiben! Max! Max! Komm mal her! Du sollst mal herkommen! Max hörst du nicht? Kannst du nicht hören? Du sollst mal herkommen! Hierher sollst du kommen! Komm mal her! Hierher! Was hast du denn? Sieh dich vor! Jetzt reißt der Junge die Decke ... ei weh, der ganze Kaffee auf Ihre Hose! ... Du dummer Junge, warum kommst du nicht gleich, wenn man dich ruft. Jetzt haste den ganzen Kaffee umgeworfen! Setz dich hin! Jetzt gehste überhaupt nicht mehr weg! Setz dich hin! Hier setze dich hin! Nicht gemuckst! Gießt den ganzen Kaffee um! Hier — haste'n Bonbon! Nu sei still ...“*

Zusammenfassend kann festgestellt werden, daß intensive Lenkung zu Widerstand führen kann, bei dessen Überwindung durch erhöhten Gegendruck von seiten des Erziehers sich kurzfristige Anpassung (solange drohende Instanzen anwesend sind!) oder totale Anpassung einstellen können. Beide Arten der Anpassung sind jedoch für eine um Demokratisierung bemühte Gesellschaft höchst bedenklich, weil sie auf Kosten der Selbständigkeit im Denken und Handeln erreicht werden. Wenn die Bildung eigener Meinungen und Urteile nicht gefördert wurde, ist zu befürchten, daß im Erwachsenenleben die Meinungen anderer reproduziert und Vorurteile blind übernommen werden. Wenn keine Möglichkeit gewährt wurde, sachliche Kritik an bestehenden Zuständen und Autoritäten zu üben, wird sich diese auch später nicht äußern können, wenn falsche Autoritäten im Berufsleben oder im politischen Bereich ungerechtfertigte Ansprüche erheben. Auch ist schwer vorstellbar, wie einmal verantwortungsvolle Berufsarbeit und eigene Fortbildung geleistet werden sollen, wenn es an Selbstsicherheit, Initiative, Entscheidungsfähigkeit und Arbeitsdisziplin bei fehlender Beaufsichtigung mangelt.

b) Auswirkungen im Bereich der emotionalen Dimension

Es wurde gesagt, daß intensive Lenkung gegen Bedürfnisse und Interessen der Gelenkten verstößt, als frustrierend erlebt wird und zu Aggressionen führen kann; der auf diese Weise Frustrierte könnte sich aber unter Umständen noch damit trösten, daß ihm immerhin ein gewisses Ansehen und Wohlwollen von seiten des Erziehers gewährt wird. Dies ist ausgeschlossen, wenn beim Erzieher das Merkmal der *Geringschätzung* hinzukommt. Abneigung, Gefühlskälte und Geringschätzung wirken gerade deshalb so außerordentlich frustrierend, weil ein zentrales menschliches Bedürfnis verletzt wird, nämlich das Bedürfnis nach sozialer Anerkennung und Wertschätzung. Auf die Dauer ruft solches Verhalten

---

*) entnommen aus: Tucholsky, K.: Panter, Tiger & Co. Eine neue Auswahl aus seinen Schriften und Gedichten. Hrsg. v. M. Gerold-Tucholsky. Reinbek bei Hamburg 1954, S. 141

nicht nur *aggressive Reaktionen* hervor, sondern das betroffene Individuum verliert seine *Selbstsicherheit*, es beginnt, sich selbst als minderwertig zu betrachten. Beides, Feindseligkeit gegen andere, besonders gegen den Erzieher, sowie das Gefühl, erfolglos, wertlos und verachtet zu sein, drängen das Individuum noch weiter in die *Position des Außenseiters*, der wiederum nur Geringschätzung und Mißerfolg erntet. Damit ist der Teufelskreis geschlossen.

Verständnislosigkeit raubt Kindern und Jugendlichen das *Vertrauen in den Erzieher*. Von einem Menschen ohne Verständnis kann man keine Unterstützung in Notlagen erwarten; ihm gegenüber fällt es auch relativ leicht, unredlich zu sein. Wenn der zu Erziehende niemanden findet, dem er sich vertrauensvoll zuwenden kann, ist zu befürchten, daß sich *Angst und Mißtrauen als Lebensgrundhaltungen* ausbilden. Wer kein Verständnis und Einfühlungsvermögen in die psychische Situation anderer erkennen läßt, wird auch nicht erwarten dürfen, daß ihm diese umgekehrt zuteil werden; es ist aber von Bedeutung, daß auch der Erzieher bei unbequemen Maßnahmen mit dem Verständnis von Kindern und Jugendlichen rechnen kann.

Irreversibles Verhalten sprachlicher und nichtsprachlicher Art kann zu *Unbeliebtheit des Erziehers* führen. Außerdem wird durch derartiges Verhalten bei Jugendlichen die Meinung verfestigt, daß man Menschen in unterschiedlichen Rangpositionen unterschiedliche Achtung und unterschiedlichen Respekt entgegenzubringen habe.

Eine außerordentlich bedeutsame Auswirkung, die von *sämtlichen Merkmalen autoritären Verhaltens* hervorgerufen wird, vollzieht sich über das bereits besprochene *Beobachtungs-* oder *Imitationslernen* (vgl. S. 48 ff.). Danach werden Motive und Einstellungen erlebter und beobachteter Vorbilder (auch schlechter Vorbilder!) übernommen, ja auch ganz konkrete Verhaltensweisen und sprachliche Äußerungen werden imitiert. Individuen, die sehr viel Gelegenheit erhalten, autoritäre Verhaltensmodelle zu beobachten und zu erleben, eignen sich deren Einstellungen, Motive und Verhaltensweisen an und praktizieren diese, wenn sie in ähnliche Positionen und Situationen gelangen wie ihre autoritären Vorbilder. Das bedeutet, *sie werden selbst autoritär*, sobald sie in sozialer Interaktion mit schwächeren oder wehrlosen Untergebenen stehen. Auf diese Weise werden autoritäre Persönlichkeiten durch Familie, Kindergarten, Schule und Berufsausbildung für eine autoritäre Gesellschaft reproduziert.

Diese zuletzt angeführte Auswirkung scheint nun mit den vorausgehend genannten in gewissem Widerspruch zu stehen. Das ist jedoch nicht der Fall. In denjenigen Situationen nämlich, in welchen sich das autoritär erzogene Individuum in der Position des Rangniederen befindet, bleibt es ängstlich, eingeschüchtert, servil, unkritisch, unselbständig und unentschlossen, sobald es jedoch mit Untergebenen zu tun hat und damit die soziale Position des Ranghöheren einnimmt, gebärdet es sich aggressiv-autoritär. Beide Merkmalsklassen sind also für autoritäre Persönlichkeiten typisch (vgl. Adorno, Th. W. u. a., 1968).

Auf diesen Persönlichkeitstypus trifft die bekannte Metapher vom Radfahrer, *der sich nach oben duckt und nach unten tritt*. Die Unerwünschtheit und Gefährlichkeit derartiger Persönlichkeiten für jede Art demokratischer Systeme liegt auf der Hand.

3.3 Der antiautoritäre Erziehungsstil

Gegen das Autoritäre in der Erziehung richten sich pädagogische Konzepte, die der Geringschätzung des Kindes die Wertschätzung, der Verständnislosigkeit das Verständnis und dem Zwang die Freiheit entgegenzustellen versuchen. Nicht selten aber führen solche Konzepte zu Extremen, die nahezu gegen alle selbstverständlich gewordenen Erziehungsvorstellungen und -praktiken Front beziehen, die aber auch — das sei hervorgehoben — durch heilsame Provokation zum Überdenken aller Selbstverständlichkeiten nötigen und die Diskussion um zeitgemäße Formen der Erziehung mit ihren Ideen befruchten. Innerhalb der gegenwärtigen antiautoritären Erziehungsbewegung gibt es Gemeinsames: sie lehnt ab, entlarvt und verunsichert autoritäre Erziehungspraktiken und sie wird mehr proklamiert als wirklich praktiziert. In den Zielsetzungen und Methoden bestehen jedoch Differenzen. Man kann zwischen antiautoritärer Erziehung stark *liberaler* Spielart und antiautoritärer Erziehung *sozialistischer* Spielart unterscheiden (vgl. Weber, E., 1972 b). Im ersten Fall ist der Erzieher primär an der Freiheit und am persönlichen Glück derjenigen interessiert, die in den eigenen erzieherischen Verantwortungsbereich fallen; erzogen wird in inselhafter Isolation von der übrigen Gesellschaft und Kultur, ohne daß viel Rücksicht darauf genommen wird, daß sich das Individuum später als Erwachsener in einer ganz anderen Umwelt bewähren muß. Die sozialistische Variante ist konsequenter. Ihr zufolge läßt sich menschliches Glück nicht in einem auf Kindheit und Jugend beschränkten Erziehungsschonraum realisieren, sondern nur durch totale Veränderung der gegenwärtigen Gesellschaft, die man in ihren autoritären Strukturen nicht mehr für reformierbar hält. Erziehung verbindet sich hier engstens mit einer politischen Strategie, die radikale (an die Wurzel reichende) gesellschaftliche Veränderungen verfolgt. Die Darstellung beider antiautoritärer Richtungen erweist sich als schwierig. Erstens gibt es jeweils gemäßigtere Varianten, denen die hier vorgenommene knappe Beschreibung extremer Ausprägungsformen nicht gerecht wird; zweitens kann nicht wie im Falle des autoritären Stils auf erfahrungswissenschaftliche Untersuchungen zurückgegriffen werden, sondern nur auf Programme und subjektive Selbstdarstellungen.

3.3.1 Die liberale Form der antiautoritären Erziehung

Liberale antiautoritäre Erziehung hat ihren geistigen Wegbereiter in dem französischen Kulturkritiker und Erziehungstheoretiker *Jean Jacques Rousseau*

(1712—1778), der das europäische Erziehungsdenken vor allem durch seinen Erziehungsroman *„Emile“* sehr stark beeinflußt hat. An der Titelfigur des Emile demonstriert Rousseau, wie er das Kind und den Jugendlichen erzogen sehen möchte. Bedeutsame Reformideen verbinden sich mit einer schwärmerischen Verehrung der Natur. Ganz im Gegensatz zur christlichen Tradition postuliert er, daß der Mensch von Natur aus gut sei, daß es ihm auch aus eigener Kraft möglich sei, alle lebensnotwendigen Erfahrungen selbst zu erwerben, so daß er demzufolge keiner direkten Lernhilfe bedürfe. Im Gegenteil, Erziehung sei *negative Erziehung,* die zu verhüten habe, daß etwas gegen die Natur geschieht; Erziehung habe das Kind möglichst lange den Einwirkungen der Kultur zu entziehen, damit ungestörtes Wachstum, natürliche Entfaltung gewährleistet sei. Der Erzieher steht ganz im Hintergrund, hält schädliche Umwelteinflüsse fern und sorgt nur für die förderlichen. An die Stelle von Strafen müssen die natürlichen Folgen schlechter Handlungen treten („natürliche Strafen“), die der Erzieher nicht verhindern soll, unter Umständen sogar unbemerkt arrangieren kann. Die Hauptaufgabe des Erziehers besteht darin, Anwalt des Kindes zu sein und seine wahren, d. h. natürlichen Bedürfnisse zu ihrem Recht kommen zu lassen.

„Ruhig und langsam die Natur sich selbst helfen lassen und nur sehen, daß die umgebenden Verhältnisse die Arbeit der Natur unterstützen, das ist Erziehung“ (Key, E., 1921, S. 120; vgl. auch Dietrich, Th., Hrsg., 1963, S. 5). Der Inhalt dieses Zitates verrät den Einfluß Rousseaus. Es stammt von der Schwedin Ellen Key (1849—1926), die mit ihrem 1900 (deutsch 1902) erschienenen Buche *„Das Jahrhundert des Kindes“* eine Reformbewegung einleitete, die man gewöhnlich mit dem Schlagwort *„Pädagogik vom Kinde aus“* kennzeichnet. Ihre Vertreter, außer Ellen Key vor allem Ludwig Gurlitt und Johannes Gläser, dürfen gleichzeitig als Vorläufer einer antiautoritären Erziehung liberaler Prägung angesehen werden. „Vom Kinde aus“ bedeutet, daß alle Erziehung sich primär am Kinde zu orientieren habe und nicht etwa an gesellschaftlichen Zielsetzungen oder an den Anforderungen, die der zu lernende Sachverhalt setzt. Den herkömmlichen anthropologischen und pädagogischen Anschauungen wurden neue Ideen, vor allem Rousseau'scher Herkunft, entgegengestellt, die man wie folgt zusammenfassen kann: Das Kind ist im Grunde seines Wesens gut; es ist ein Stück Natur. Man muß das Kind wertschätzen, achten und ebenso ernst nehmen wie den Erwachsenen, es hat seine eigene Würde. Hier liegt eine klare Frontstellung gegen die Geringschätzung des Kindes durch autoritäre Erzieher vor. Zuweilen wurde die *Wertschätzung* des Kindes noch übertroffen durch seine romantische Verehrung; so schreibt Ellen Key:

„Bevor nicht Vater und Mutter ihre Stirne vor der Hoheit des Kindes in den Staub beugen; bevor sie nicht einsehen, daß das Wort Kind nur ein anderer Ausdruck für den Begriff Majestät ist; bevor sie nicht fühlen, daß es die Zukunft ist, die in Gestalt des Kindes in ihren Armen schlummert, die Geschichte, die zu ihren Füßen spielt — werden sie auch nicht begreifen, daß sie ebensowenig die Macht oder das Recht haben, diesen neuen Wesen Gesetze vorzuschreiben, wie sie die Macht oder das Recht besitzen, sie den Bahnen der Sterne aufzuerlegen" (Key, E., 1921, S. 190 f.).

Gegen die verbreitete Verständnislosigkeit gegenüber kindlichen Belangen richtete sich die Forderung, den Entwicklungsstufen gemäßes *einfühlendes Verständnis* aufzubringen und auch die Bedürfnisse und Interessen individueller Art zu begreifen und zu berücksichtigen. Das Kind hat ein Recht auf Anerkennung seiner Eigenart.

Man postulierte Rousseaus *negative Erziehung* des Abwartens und Verhütens, da man wie er die Vorstellung vom organischen Wachstum der physischen Kräfte unberechtigterweise auf die geistigen Vorgänge übertrug: „Dem Menschen wächst der Verstand ebenso wie ihm die Haare wachsen, und er bekommt Gedanken und Sprache ebenso, wie er Zähne bekommt" (Gurlitt, L., in: Dietrich, Th., Hrsg., 1963, S. 38). Im Vertrauen auf den Vorgang der Selbstentfaltung glaubte man, in der Erziehung auf jede Art der direkten Lenkung verzichten und sich weitgehend auf „ — *lassen*" beschränken zu können: man sollte „das Kind gewähren *lassen,* es gelten *lassen,* es in Ruhe, es in Frieden *lassen,* es sich entwickeln *lassen,* es reifen *lassen,* es seine Erfahrungen machen *lassen,* es spielen *lassen* (Scheibe, W., 1969, S. 64).

Der von Rousseau und der „Bewegung vom Kinde aus" stark beeinflußte Engländer *Alexander Sutherland Neill* (geb. 1883) gilt gegenwärtig als markantester Vertreter einer liberalen antiautoritären Erziehung.

Neill gründete 1921 seine private Internatsschule *„Summerhill"*, die er heute noch leitet und die von 5- bis 17jährigen beiderlei Geschlechts besucht wird. Erst seit wenigen Jahren bekundet die breite Öffentlichkeit ihr Interesse an seiner Erziehung; mit seinem früher wenig beachteten Buch erlebte er neuerdings allein unter dem deutschen Titel: *„Theorie und Praxis der antiautoritären Erziehung"* (1969) einen beispiellosen Erfolg; innerhalb von gut zwei Jahren wurde es in beinahe einer Million Exemplaren verkauft.

Eine kurze Darstellung wie die folgende wird Neill nicht gerecht. Neill ist ein genialer Praktiker von außergewöhnlichem Einfühlungsvermögen in konkrete Probleme und von faszinierender Wirkung trotz seiner Zurückhaltung. Diese seine praktische Stärke offenbart sich beispielsweise in der empfehlenswerten Lektüre seiner Hauptschrift (1969). Dabei handelt es sich im wesentlichen um eine Sammlung von Beispielen, die voller psychologischer Weisheit stecken, wie einer von Neills Kritikern richtig bemerkt, der jedoch gleichzeitig hinzufügt, daß sein theoretisches Konzept „beklagenswert unzulänglich und naiv" ist (Summerhill, pro und contra, 1971, S. 86). Darzustellen und zu beurteilen ist jedoch hier primär sein theoretisches Konzept.

Neills Erziehung ist ganz am Kinde orientiert. Neill ist ein Praktiker, der sein Erziehungsziel unmißverständlich kundtut und es in seinem Handeln konsequent verfolgt. Ebenso konsequent orientiert er sich an anthropologischen Voraussetzungen in der Person des Kindes, die sich zwar als höchst anfechtbar erweisen lassen, die er jedoch als eindeutig gegeben ansieht.

Das oberste *Erziehungsziel* ist für Neill *der glückliche Mensch*. Ohne Überheblichkeit kann Neill für sich beanspruchen, in seinem Hause „wahrscheinlich die glücklichsten Schüler der Welt" zu haben (1969, S. 26), weil er täglich um dieses Glück besorgt ist. Menschliches Glück hat für ihn nicht nur subjektive, sondern auch gesellschaftliche Bedeutung; denn Haß, Verbrechen und Krieg, Phänomene also, unter denen die Allgemeinheit zu leiden hat, lassen sich auf das Unglücklichsein der dafür Verantwortlichen zurückführen: „Ein glücklicher Mensch hat sich noch nie zum Störenfried hergegeben, Krieg gepredigt oder einen Neger gelyncht ... Ein glücklicher Chef terrorisiert seine Angestellten nicht" (1969, S. 20). Anders als die Religion, die predigt: „Sei gut, und du wirst glücklich sein", hält er die Umkehrung dieses Satzes für richtiger: „Sei glücklich, und du wirst gut sein" (1971, S. 103). Glück ist für Neill so viel wie Wohlbefinden, Ausgeglichenheit, Gleichmut, Angstlosigkeit, Aufrichtigkeit, optimistische Einstellung zum Leben (1971, S. 102 f.).

Was die *anthropologischen Voraussetzungen* seiner Erziehung betrifft, so hält Neill das von der sozialen Umwelt noch völlig unbeeinflußte *menschliche Wesen von Natur aus für gut* (1969, S. 22, 113 f.). Dies ist, ebenso wie das Gegenteil, leider nicht beweisbar. Neill ist ferner der Meinung, daß sich bei Gewährung von Freiheit *Begabungen und Interessen von selbst entfalten*, daß das Kind von selbst lernt, was es lernen soll, sowohl an Kenntnissen als auch an moralischen Verhaltensweisen: „Sich selbst überlassen und unbeeinflußt von Erwachsenen, entwickelt es sich entsprechend seinen Möglichkeiten. Logischerweise ist Summerhill eine Schule, in der Kinder mit der angeborenen Fähigkeit und dem Wunsch, Gelehrte zu werden, Gelehrte werden, während jene, die nur zum Straßenkehren geeignet sind, Straßenkehrer werden" (1969, S. 22). Und: man sollte „Geduld haben in der Gewißheit, daß das Kind von Geburt an gut ist und sich schließlich als gutes Menschenwesen erweisen wird, wenn man in seine natürliche Entwicklung nicht eingreift" (1969, S. 237). Diese beiden Zitate zeugen von einem auf anthropologische Voraussetzungen bezogenen Glauben, der zugleich optimistisch und pessimistisch ist; optimistisch, weil auf die selbständige Regulation geistiger und moralischer Kräfte vertraut wird, pessimistisch, weil zumindest im Begabungsbereich die Möglichkeit der Förderung durch äußere und direkte Beeinflussung nicht angenommen wird (vgl. Bd. I, 1.2.3).

Folgerichtig führen die beschriebenen Vorstellungen über Erziehungsziel und Anthropologie des Kindes zu einem erziehungsmethodischen Vorgehen, welches von einem *Höchstmaß an Freiheit* und *Wertschätzung* gekennzeichnet ist. „Wie kann man Kinder glücklich werden lassen? Meine Antwort heißt: Schaffen Sie allen Zwang ab! Geben Sie dem Kind die Möglichkeit, es selbst zu sein! Schubsen Sie es nicht herum! Belehren Sie es nicht! Halten Sie ihm keine Predigten! Erheben Sie es nicht zu etwas Höherem! Zwingen Sie das Kind zu nichts!" (1969, S. 274). Eine Einschränkung muß jedoch sogleich gemacht werden. Für Neill hat jegliche *Freiheit von Lenkung* dann ihre festen Grenzen, wenn die Freiheit anderer bedroht wird, wenn Sachwerte zu Schaden kommen und der zu Erziehende sich selbst gefährdet. *Freiheit ist nicht Zügellosigkeit.* (Kurioserweise muß Neill immer wieder auch gegen Erzieher Stellung beziehen, die ihn mißverstehen und jeder Willkür des Kindes freies Spiel lassen.)

So gibt es in Summerhill eine Schulversammlung, in der jedes Kind und jeder Lehrer mit einer Stimme vertreten sind; Verstöße gegen Beschlüsse der Schulversammlung werden streng geahndet. Neill muß auch zugeben — nicht ohne Bedauern —, daß er schon Kinder entlassen mußte, die anderen Schülern das Leben zur Hölle gemacht hatten. Die Bedeutung der Selbstbestimmung im Sinne Neills hat derjenige nicht begriffen, der duldet, daß sein Kind z. B. Türen mit Tinte bemalt oder auf Konzertflügel und Eßtisch herumspaziert; ebenso kann man ein übermüdetes Kleinkind nicht den Zeitpunkt des Schlafengehens bestimmen lassen.

Auch Neills Freiheit ist also keineswegs Schrankenlosigkeit, wenngleich die Grenzen dieser Freiheit wesentlich weiter als üblich gesteckt werden. Da für Neill Fremdbestimmung und Lenkung mit Glücksverlust verknüpft sind und sehr leicht zur Ursache für Angst und Feindseligkeit werden können, erweitert er den Freiheitsspielraum weit über die Grenzen des von der Gesellschaft tolerierten Maßes hinaus. Nicht alles ist dabei extrem anti-autoritär, sondern bestenfalls nicht-autoritär.

Aus dem Bereich der *Lenkungs-Dimension* lassen sich z. B. folgende akzeptable Forderungen anführen: Einem Kinde steht zu, daß es zu essen und zu trinken bekommt, wenn es Hunger und Durst hat; dies ist vor allem gegen die starren Stundenpläne des frühkindlichen Stillens und Fütterns gerichtet. Warum soll ein Kind zu „bitte" und „danke" gedrillt werden? Wozu soll es stets den Mund halten müssen, wenn Erwachsene sprechen? Warum darf es nicht fluchen, sich beim Spielen schmutzig machen, laut sein? Mit welchem Recht dürfen Eltern mit Unwahrheiten ihren Kindern Angst machen oder sie strafen, wenn sie mit ihren Genitalien spielen (Onanieren ist schädlich, ist Sünde)? Mit welchem Recht sollen Kinder wegen Belanglosigkeiten („hol mir doch mal schnell . . .!") aus ihren Spielen gerissen werden können? Auch der verabscheuenswürdigste Mensch darf in unserer Gesellschaft nicht mehr geprügelt werden; aus welchem Recht leiten Eltern die Prügelstrafe gegen ihre Kinder ab?
Im Bereich der *emotionalen Dimension* kann Neill bei folgenden Forderungen weitgehend mit Zustimmung rechnen: Kinder, vor allem sogenannte Sorgenkinder, brauchen mehr Liebe, Wertschätzung, Anerkennung; Erzieher sollen auf seiten des Kindes stehen. „Geben Sie dem Kind so viel Zärtlichkeit und Liebkosung, wie Sie nur können" (1969, S. 130), wobei jedoch vor sentimentaler und besitzergreifender Liebe gewarnt wird; besitzergreifende Liebe verlangt Gegenleistungen; Kinder aber brauchen mehr Liebe als sie selbst geben können. Erzieher sollten sich ihre Motive stärker bewußt machen, sich selbst besser verstehen lernen, vor allem aber sollten sie mehr Verständnis für Kinder aufbringen, um ihr Vertrauen zu gewinnen.

Schwerer fällt es in anderen Punkten, Neills Erziehungskonzept zu folgen:
In Summerhills Schule herrschen paradiesische Zustände. *Der Unterrichtsbesuch ist freigestellt.* „Die Kinder können zum Unterricht gehen, sie dürfen aber auch wegbleiben — sogar jahrelang, wenn sie wollen. Es gibt einen Stundenplan — aber nur für die Lehrer" (1969, S. 23). Nicht ohne Stolz berichtet Neill über den Fall des Jungen Tom, der während seines 12jährigen Aufenthalts in seinem In-

ternat nicht eine einzige Unterrichtsstunde besuchte, trotzdem einiges lernte und sich später in der Ausbildung als Kamerajunge als sehr tüchtig erwies. Abneigung gegen den Unterricht führt Neill auf die negativen Erfahrungen zurück, die Schüler an öffentlichen Schulen gewinnen, bevor sie nach Summerhill kommen. Da er „die Schule kindergeeignet" und „nicht die Kinder schulgeeignet" (1969, S. 22) zu machen sich vorgenommen hat, beginnen in der Regel die meisten Neuankömmlinge nach einigen Monaten den Unterricht freiwillig zu besuchen. Einem sonst sehr wohlwollenden Bericht des britischen Unterrichtsministeriums zufolge läßt aber die Qualität des Unterrichts zu wünschen übrig (1969, S. 92) und Neill selbst bestätigt, daß Lehrmethoden und Unterricht an sich für ihn keine große Rolle spielen (1969, S. 23).

Die *Pflege des Gefühlsbereichs und der schöpferischen Kräfte* wird grundsätzlich höher eingeschätzt als die Ausbildung der Verstandeskräfte: „Wenn nur die Gefühle frei sind, dann wird der Verstand für sich selbst sorgen" (1971, S. 146). Der richtige Gedanke, daß menschliche Angst im weitesten Sinne verantwortlich ist für seelische Unausgeglichenheiten und Neurosen, führt Neill in seiner Sorge um die seelische Gesundheit so weit, daß er *jegliche Art von Angst und Furcht auszuschalten versucht.* „Die Angst muß völlig beseitigt werden", denn: „Heute ist unser Leben so sicher geworden, daß Furcht als Selbstschutz nicht mehr nötig ist" (1969, S. 131). Sein einseitiges Interesse an emotionaler Ausgeglichenheit und an der schöpferischen Kraft des einzelnen macht auch erklärlich, daß Neill *dem Spiel gegenüber dem organisierten Lernen den Vorzug gibt.* „Man könnte Summerhill eine Schule nennen, in der das Spiel am wichtigsten ist" (1969, S. 76). „Ich habe nichts gegen das Lernen, aber Spielen ist nach meiner Ansicht wichtiger" (1969, S. 43). Dabei bevorzugt Neill vor den sogenannten Regelspielen solche Spiele, in denen das Kind seiner *Phantasie freien Lauf* lassen kann. Für das Theaterspiel, welches ebenfalls gepflegt wird, werden vor allen Dingen Stücke ausgewählt, die von den Schülern selbst geschrieben wurden. Im Tanz wird Wert auf Originalität und Erfindungsgeist gelegt. Kurz: es sollen sich vor allen Dingen die schöpferischen Fähigkeiten entfalten können, weil ein schöpferischer Mensch nach Neills Überzeugung von selbst lernt, was er braucht, um seiner Originalität Ausdruck verleihen zu können (1969, S. 43). An anderer Stelle bemerkt Neill: „Die Theorie von Summerhill ist: Wenn ein Mensch als Kind genug gespielt hat, wird er sich danach an die Arbeit machen und die Schwierigkeiten meistern" (1971, S. 16).

Mit am heftigsten angefochten wird Neills *Sexualerziehung*, für die sich in einem Heim zusätzlich besonders heikle Probleme ergeben. Neill betreibt eine sehr freie und konsequente *Koedukation* (gemeinsame Erziehung der Geschlechter); Jungen und Mädchen sind von klein auf in gemeinsamen Schlafräumen untergebracht und wachsen in unbefangener Einstellung zum menschlichen Körper auf. Nacktheit gilt als natürlich, kindliche Sexualspiele sind nicht verpönt. „In Summerhill werden Jungen und Mädchen sich selbst überlassen. Die Beziehungen zu den Geschlechtern sind sehr gesund ... Ab und zu fragen mich

Erwachsene, die Summerhill besuchen: „Schlafen die denn nicht alle miteinander?'“ (1969, S. 71). Man muß Neill zubilligen, daß er derartige Fragen nicht bejahen kann, weil auch Privatschulen wegen Erregung öffentlichen Ärgernisses geschlossen werden können; auf diese katastrophale Folge muß er seine älteren Zöglinge auch zuweilen hinweisen; immerhin aber bemerkt er, daß eigentlich zur Verhinderung von Liebesverhältnissen nichts unternommen wird (1969, S. 71). Die Jugendlichen sind aufgeklärt und vor ungewollten Folgen ist Summerhill bislang verschont geblieben, wie ihr Leiter beteuert (1971, S. 29). Der Gewinn dieser Erziehung liegt für Neill in der natürlichen, nicht von Verdrängungen verstellten Begegnung der Geschlechter, die ohne irgendwelche falschen Vorstellungen voneinander zusammenleben. Es ist glaubhaft, wenn Neill schreibt: Hier „wird die unwürdige sexuelle Neugier fast völlig beseitigt. Schlüssellochgucker gibt es in Summerhill nicht. Sexuelle Probleme sind bei uns sehr viel seltener als in anderen Schulen“ (1969, S. 71).
Neills Erziehung ist bewußt *unpolitisch* und *areligiös*. Er hat sich mit seinen Zöglingen gewissermaßen auf eine pädagogische Insel des privaten Glücks für wenige zurückgezogen. Seinen Lehrern schärft er ein, Kinder nicht politisch zu beeinflussen. „Politik und Religion sind Bereiche, in denen das Kind später, wenn es älter ist, selbst seine Entscheidung treffen muß“ (1969, S. 319). Neill hat sich politisch nicht engagiert, er hat nicht versucht, „die Gesellschaft aktiv zu reformieren“, sondern nur, sie „zu überzeugen“ (1969, S. 40), Die in Summerhill auf seine Art praktizierte Demokratie und Gewaltlosigkeit, die in seinen Schriften stets mitschwingende Kritik an den autoritären Strukturen der Gesellschaft sowie seine internationale publizistische Resonanz lassen jedoch mit Recht behaupten, daß Neills Wirkung zumindest indirekt politisch bedeutsam ist.

3.3.2 Die sozialistische Form der antiautoritären Erziehung

Antiautoritäre Erziehung in ihrer sozialistischen Variante äußert sich gegenwärtig in der Bundesrepublik auf zweierlei Weise: Im vorschulischen Erziehungsbereich hat die sogenannte *Kinderladenbewegung* aufgrund von Elterninitiativen in einigen Großstädten bereits praktische Formen angenommen (vgl. Breiteneicher, H. J., u. a., 1971; Bott, G., Hrsg., 1971). Auf schulischem Sektor hingegen gelingt die Realisierung entsprechender Erziehungsvorstellungen nicht oder noch nicht, weil die Verfechter der sogenannten *kritischen Schule* auf den harten Widerstand der Schulverwaltungsorgane und der meisten Lehrer stoßen (vgl. Amendt, G., Hrsg., 1968; Gamm, H.-J., 1970; Wilhelm, Th., Hrsg., 1970; Auernheimer, G. u. M. Doehlemann, 1971). Theoretisch gestützt auf psychoanalytisches und sozialistisches Gedankengut ist das linke antiautoritäre Erziehungskonzept eine Konsequenz der Ideen der Studentenbewegung und der ersten Kommunegründungen gegen Ende der sechziger Jahre.

Kinderläden sind Räume zur Betreuung von Vorschulkindern, die zumeist von politisch engagierten Studenteneltern in unrentabel und leer gewordenen Klein-

handelsgeschäften eingerichtet wurden. In der Betreuung der Kinder lösen sich die betroffenen Eltern regelmäßig ab, wodurch ihnen — vor allem auch den Müttern — mehr Zeit für Studium, Beruf und politische Aktivitäten verbleibt.
„Kritische Schule“ ist der Titel einer „Streitschrift für die Emanzipation von Lehrern und Schülern“ des Erziehungswissenschaftlers Hans-Jochen Gamm (1970). Unter diesem Schlagwort kann man aber auch die im Zusammenhang mit den Studentenunruhen besonders an Gymnasien entstandene Schülerprotestbewegung sowie die mit diesen rebellierenden Schülern solidarischen Lehrer zusammenfassen (vgl. Weber, E., 1972 b, Nr. 3). Die Kritische Schule hat der gegenwärtigen Gesellschaft und ihrem Schulsystem den Kampf angesagt. Die linken Schüler tun dies in ihrer Schülerpresse, in Flugblättern und anderen Dokumentationen, sie haben sich überregional organisiert, z. B. im „Aktionszentrum unabhängiger und sozialistischer Schüler“ (AUSS).

Was die Radikalität von Einzelforderungen betrifft, so gibt es unter den linken Antiautoritären durchaus Differenzen; aber nicht diese, sondern die gemeinsamen Tendenzen gilt es darzustellen. Dabei ist es sinnvoll, zunächst kurz auf jene Erziehungsgrundsätze einzugehen, welche den sozialistischen Vertretern der antiautoritären Erziehung mit dem liberalen Vertreter Neill ähnlich sind. Neills Erziehungskonzept wird zwar von den Linken schärfstens abgelehnt (vgl. Breiteneicher, H. J. u. a., 1971, S. 45 ff.), was jedoch nicht bedeutet, daß es keine Gemeinsamkeiten gäbe.
Wie Neill plädiert man für ein hohes Maß an Freizügigkeit und Zwanglosigkeit in der Erziehung. Institutionalisierte Formen der Lenkung und des Leistungsdrucks von außen sind weitgehend zu reduzieren, den zu Erziehenden sind mehr Möglichkeiten zur Selbstverantwortung, also mehr Rechte, einzuräumen.

So fordert man beispielsweise für den Bereich der Schule u. a. Abschaffung der Noten und Zeugnisse bzw. deren Ersetzung durch schriftliche Beurteilungen bzw. die Beteiligung der Schüler bei der Leistungsbeurteilung oder Beurteilung durch objektive Tests; Aufhebung der Anwesenheitspflicht der Schüler zumindest auf der gymnasialen Oberstufe; Reduzierung der Pflichtfächer, Mehrangebot an Wahlfächern; größere Spezialisierungsmöglichkeiten; Mitsprache bei der Auswahl des Unterrichtsstoffes; mehr selbständiges Arbeiten, vor allem in Gruppen; Beseitigung des Informationsmonopols des Lehrers; Aufhebung des Leistungszwangs durch repressive Strafmaßnahmen; deshalb auch Abschaffung der jährlichen Versetzung; Aufhebung der Jahrgangsklassen und deren Ersetzung durch fächerspezifische Parallelkurse mit gestaffelten Ansprüchen, die den Fähigkeiten und Interessen der Schüler besser entsprechen; Streikrecht für Schüler und Lehrer; eine unkontrollierte Schülerpresse; Mitbestimmung bei allen die Schule betreffenden Angelegenheiten und Beteiligung an allen Konferenzen (vgl. Gamm, H.-J., 1970, S. 157 ff.; Wilhelm, Th., Hrsg. 1970, S. 37 ff.; Auernheimer, G. u. M. Doehlemann, 1971, S. 96 ff.).

Völlige Freizügigkeit fordert man auch auf sexuellem Gebiet. Man beschränkt sich nicht darauf, die Befriedigung sexueller Bedürfnisse unter Kindern und Jugendlichen neutral zu dulden, sondern man versucht, zur üblichen Unterdrükkung des Sexuellen ein Gegengewicht durch Ermunterung herzustellen. Ausdrückliche Anerkennung wird dem moralischen Überdruck und der Angst entgegengestellt.

So hält man es für vertretbar, sich als Erwachsener in die kindlichen Sexualspiele mit einbeziehen zu lassen, um Kindern dadurch u. a. ausdrücklicher bestätigen zu können, daß Sexualität von seiten der Erwachsenen bejaht wird. In Protokollen aus Kommunen und Kinderläden werden solche Praktiken ausführlich beschrieben. Im schulischen Bereich fordert man u. a. Informationen über Empfängnisverhütung, über Beschaffung und Umgang mit Verhütungsmitteln. Außerdem fordert man die Einrichtung von geeigneten Räumen für unkontrollierte erotische Kommunikation (vgl. Amendt, G., 1968, S. 174; Enzensberger, H. M., 1969, S. 165 ff.; Gamm, H.-J., 1970, S. 68—82; Bott, G., Hrsg., 1971, S. 43 f., 53 ff.).

Es liegt auf der Hand, daß mit dem Abbau von Zwängen und Ängsten und mit der Erschließung von mehr Freiheiten und Rechten zunächst dasselbe Erziehungsziel verfolgt wird, welches auch Neill vorschwebt, nämlich Glück und seelisches Wohlbefinden des Kindes und Jugendlichen.
Hiermit ist aber gleichzeitig auch der Punkt erreicht, an dem die Geister sich scheiden und zwar: Glück ist kein Privileg von wenigen; die Realisierung des Glückes muß gesellschaftspolitische Zukunftsperspektiven mit einbeziehen, und schließlich ist das Glück selbst kein verabsolutierbares Lebensziel. Das bedeutet im ausdrücklichen Gegensatz zu Neill: Erstens darf man nicht nur — wie dies in Summerhill geschieht — für das persönliche Glück von wenigen und dazu noch besonders begüterten Kindern arbeiten wollen, deren Eltern in der Lage sind, für die hohen Heimkosten aufzukommen. Der aus dieser Einsicht erwachsene Versuch, für die Kinderladenerziehung größere Elternkreise vor allem aus der Arbeiterschicht zu gewinnen, muß jedoch vorläufig als gescheitert betrachtet werden (vgl. Bott, G., Hrsg., 1971, S. 70 f.). Zweitens muß das Bemühen, unter den bestehenden gesellschaftlichen Verhältnissen mehr Glück als bisher zu realisieren, von vornherein mißlingen. Einem Kinde in der Gegenwart gewährtes Glück kann deshalb auf die Dauer nur dann gesichert werden, wenn antiautoritäre Erziehung „nicht als privatistischer Akt begriffen, sondern innerhalb einer politischen Strategie gesehen wird" (Seifert, M., 1970, S. 73). Drittens schließlich widerspricht zumindest gegenwärtig noch die Behaglichkeit des Glücklichen den augenblicklichen Zielvorstellungen. Antiautoritäre Erziehung soll Kindern ermöglichen, „diejenigen Qualitäten zu entwickeln, die Revolutionäre brauchen: die Fähigkeit, an jeder Unterdrückung zu leiden, gegen sie zu kämpfen . . ." (Seifert, M., 1970, S. 69).
Vor den Gedanken an das Ziel menschlichen Glücks schiebt sich somit konsequent der Gedanke an ein scheinbar unerläßliches Teilziel: Radikale Veränderung der betreffenden Gesellschaft, an deren Verbesserung durch bloßes Reformieren man nicht mehr glaubt. Dieser Leitgedanke beherrscht die pädagogische Szenerie in allen Bereichen sozialistisch-antiautoritärer Erziehung. Eigenes politisches Engagement des Erziehers selbst sowie fortlaufende politische Beeinflussung der zu Erziehenden und ihrer Eltern werden zu Hauptforderungen erhoben.
Da man nicht an jene naive Anthropologie glaubt, wonach bei ungestörtem Wachsenlassen sich richtige Einstellungen und Begabungen von selbst entfalten

bzw. lebensbedeutsame Lerninhalte von selbst angeeignet werden (Gamm, H.-J., 1970, S. 40 ff.; Wolf, R., 1970, S. 76) und da man auch die bürgerliche Beeinflussung der Kinder von klein auf in ihrer prägenden Bedeutung richtig einschätzt, muß sozialistische antiautoritäre Erziehung so früh wie möglich einsetzen. Das hat u. a. zu bedeuten, daß auch schon im Vorschulalter zu politischem Bewußtsein erzogen werden muß.

„Politisches Bewußtsein beschreiben wir als:
— Kenntnis der gesellschaftlichen Zusammenhänge und Einsicht in die eigene Situation innerhalb dieser Zusammenhänge,
— Aufarbeitung kollektiver Erfahrungen im Sinne des Erkennens der eigenen Klassenlage,
— Entwicklung eines emanzipatorischen, parteilichen Wert- und Normensystems,
— Handlungsbereitschaft, das heißt den bewußten Willen, sich für die Veränderung der Gesellschaft praktisch einzusetzen,
— bewußte Entscheidung, den Klassenstandpunkt des Proletariats einzunehmen" (Breiteneicher, H. J. u. a., 1971, S. 142).

Im Rahmen der Klassenkampferziehung wird von manchen sozialistischen Vorschulerziehern der Kinderladen freimütig als „ein Projekt sozialistischer Agitation und Propaganda" deklariert (in: Bott, G., Hrsg., 1971, S. 72). Politische Indoktrination (z. B. das Auswendiglernen von Mao-Sprüchen durch Vierjährige) wird zwar in Kinderläden betrieben, nach Gerhard Bott sollte dies jedoch nicht als typisch registriert werden (Bott, G., Hrsg., 1971, S. 11). Vorzuherrschen scheint eher die Meinung, daß Kinder schon in sehr frühem Alter psychologische und soziale Zusammenhänge verstehen können: „Kinder die Funktion von Religion und die Mechanismen kapitalistischer Politik durchschauen zu lehren, ist keine Manipulation von Kindern, sondern bedeutet, sie vor Manipulationen zu bewahren, weil sie sie durchschauen können" (Seifert, M., 1970, S. 73).
Natürlich gilt es auch und vor allem die Schule zu politisieren. Am Rande sei vermerkt, daß man anders als Neill die Bedeutung des institutionalisierten Lernens in Schule und Unterricht prinzipiell hoch einschätzt — auch wenn man ihrer jetzigen Form den Kampf ansagt; man ist auch an der Verbesserung der Unterrichtsmethoden und -inhalte ernsthaft interessiert und dies nicht nur ausschließlich unter dem Leitgedanken der Politisierung. Allerdings ist dieser letzte Aspekt beherrschend und ein markantes Unterscheidungsmerkmal zu Neills politischer Enthaltsamkeit in der Schule. Einige formale unterrichtsorganisatorische Forderungen, die als Voraussetzung für politische Bewußtseinsbildung und Handlungsfähigkeit gelten können, wurden bereits erwähnt: mehr Freiheiten und Rechte, mehr Möglichkeiten für Selbstverantwortung, Mitbestimmung und Kritik, mehr Teamarbeit und Diskussion als Informationsvermittlung durch den Lehrer allein. Gleichzeitig aber muß vor allen Dingen inhaltlich-thematisch das politische Lehrplandefizit aufgefüllt werden. Grundsätzlich ist in allen Unterrichtsfächern die Herstellung politischer Zusammenhänge möglich. Besonders aber in den geschichtlichen und gegenwartskundlichen Fächern sind die bislang

gepflegten Vorurteile gegenüber den im Osten realisierten Gesellschaftsmodellen nicht nur abzubauen, sondern es ist erforderlich, den humanitären Charakter und die weltgeschichtliche Überlegenheit sozialistischer Ideen darzustellen und zum Maßstab der Kritik an der spätkapitalistischen Klassengesellschaft zu machen. Neben derartiger politischer Bewußtseinsbildung gilt es auch, Schüler zu politischer Aktivität im Sinne radikaler Veränderung zu befähigen; dazu gehört u. a. die Anleitung zu politischer List und taktisch-klugem Verhalten (vgl. Gamm, H.-J., 1970, S. 57 ff.; S. 210).

An früherer Stelle war gesagt worden, daß in Neills Erziehung maximale Freizügigkeit und ein unbegrenzter Spielraum für individuelle Bedürfnisse und Lerninteressen gewährt wird. Das streng verpflichtende politische Programm, an dem sich sozialistische antiautoritäre Erziehung zu orientieren hat, kann diesen Spielraum selbstverständlich nicht einräumen. Im Gegensatz zu einer individualistischen und insofern auch als liberalistisch zu kennzeichnenden Erziehung handelt es sich hier um eine Erziehung, in der das Individuum lernen muß, sich den Interessen des sozialistischen Kollektivs zu fügen. „Wir müssen unsere Kinder zu disziplinierten kommunistischen Intellektuellen entfalten, die bereit sind, sich den Zielen der Arbeiterklasse unterzuordnen" (Bott, G., Hrsg., 1971, S. 65). Damit erfährt aber auch der Begriff „antiautoritär" eine entsprechende Interpretation. Antiautoritär ist, wer sich gegen die bestehende Gesellschaftsordnung stellt und in der Erziehung für Realitätstüchtigkeit und für die Anerkennung objektiver Notwendigkeit im sozialistischen Sinne sorgt (vgl. Breiteneicher, H. J. u. a., 1971, S. 120). Hier zeichnet sich ein konsequenter Wandel von einer ursprünglich antiautoritär-sozialistischen Erziehung mit anarchischen Tendenzen zu einer neo-autoritären Erziehung im orthodox-marxistischen Sinne ab, in der Unterordnung und Disziplin zugunsten des politischen Programms gefordert werden.

3.3.3 Auswirkungen und Kritik

Das Ungewöhnliche in Form von Gedanken und Verhaltensweisen, vor allem, wenn es dem Herkömmlichen den Kampf ansagt, wird zumeist von der Mehrheit pauschal als abweichlerisch verurteilt. Antiautoritärer Erziehung ergeht es nicht anders. Die folgende Kritik ist jedoch keineswegs als durchgehend negative Kritik zu verstehen, wenngleich die Schwächen des antiautoritären Erziehungskonzepts in den Vordergrund gerückt werden. Außerdem ist zu berücksichtigen, daß die unerwünschten Auswirkungen nicht mit derselben Sicherheit als erwiesen gelten können wie beim autoritären Erziehungsstil, weil antiautoritäre Erziehung nur sporadisch praktiziert wird und erfahrungswissenschaftliche Untersuchungen darüber kaum vorliegen. Zunächst soll Neills liberaler Erziehungsstil und anschließend die sozialistische Variante antiautoritärer Erziehung einer Beurteilung unterzogen werden.

Es wurde bereits erwähnt, daß Neills erziehungspraktische Fähigkeiten kaum anzuzweifeln sind. Zu beurteilen ist jedoch sein theoretisches Konzept, von dem zu befürchten ist, daß es ohne sein persönliches Format zu chaotischen Zuständen führen könnte.

Über Erziehungsziele kann man trefflich streiten. Persönliches Glück ist wünschenswert, aber als alleiniges und andauerndes Lebensziel zumindest bedenklich. Wer kann z. B. restlos glücklich sein angesichts eigener Fehler und Schwächen, angesichts des Leidens nahestehender und geliebter Mitmenschen oder angesichts des gesamtmenschlichen Elends in der Welt? Kann es denn die Absicht Neills sein, zu lehren, wie man um des persönlichen Glückes willen davor die Augen verschließt? In der sozialistischen antiautoritären Erziehung bleibt diese Frage nicht offen. Hier versucht man, das Individuum sensibel zu machen gegenüber gesellschaftlichen Mißständen und es zu entsprechendem Engagement zu aktivieren. Inwieweit die vom sozialistischen Programm versprochenen Verbesserungen auch tatsächlich einlösbar sind, ist eine andere Frage, die hier nicht zu erörtern ist. Was Neill betrifft, so wird man ihm aber in jener Befürchtung zustimmen müssen, daß in ihrem Wesen zutiefst unglückliche Menschen zu Störenfrieden und Unheilbringern werden. Man darf weiter feststellen, daß in Summerhill für optimales Glück einiger weniger gesorgt wird. Diese Vorsorge ist außerdem sehr gegenwartsbezogen. Wie mag es um das Wohlbefinden bestellt sein, wenn Neills Zöglinge den künstlichen Schonraum des Glücks verlassen haben, einen Beruf erlernen und ausüben müssen in einer Umwelt, auf die sie nicht vorbereitet wurden? Wahrscheinlich kann durch eine realistischere Erziehung mehr für das Glück des Menschen getan werden als durch unmittelbare Bedürfnisbefriedigung.

Nach Neill ist der Mensch von Natur aus gut. Die Verhaltensforschung behauptet das Gegenteil und bezeichnet den Menschen als von Natur aus aggressiv (vgl. Lorenz, K., 1970). Beide Behauptungen sind umstritten und gegenwärtig nicht beweisbar. Bei vorurteilsfreier Betrachtung ist es sinnvoll, davon auszugehen, daß der Mensch von Natur aus weder gut noch böse ist; das aber hätte zu bedeuten, daß man im Sinne der moralischen Erziehung sehr wohl eingreifen, etwas tun muß bzw. daß Gewährenlassen, Abschirmen und Abwarten allein nicht ausreichen und unverantwortlich sind. Außerdem vertritt man neuerdings in der Psychologie mit guten Gründen die Ansicht, daß menschliche Aggressivität unter verschiedenen Bedingungen erworben, also erst erlernt wird (vgl. Belschner, W., 1971). Diese Bedingungen aber hat der Erzieher niemals völlig unter Kontrolle, sie lassen sich von ihm nicht ausschalten, auch nicht in einer friedlichen pädagogischen Provinz. Würde man nun gegenüber aggressiven Äußerungen eine Erziehung des Gewährenlassens praktizieren, dann würden diese keineswegs von selbst aufhören, sondern sich aufgrund des erlebten Erfolges verstärken und festigen. Auch hier gilt es, geeignete Methoden des aktiven Eingreifens anzuwenden, um das Verhalten zu verbessern, was Neill in der Praxis wahrscheinlich sogar tut.

Neill stimmt der anthropologischen Erkenntnis durchaus zu, daß der Mensch im Gegensatz zum Tier in seinem Verhalten nicht durch Instinkte festgelegt ist, sondern seine kulturelle Lebensweise erlernen muß, daß er das lernbedürftige und lernfähige Wesen ist (vgl. Bd. I, 1. Kap.). Aber in seiner schrankenlosen Begeisterung für Freiheit und Individualität überläßt er dem Kinde, was und wie es lernen will, indem er z. B. den Unterrichtsbesuch völlig freistellt und den Unterricht selbst der Arbeitslaune und den zufallsbedingten Interessen der Schüler anpaßt. Auch die kritischen Schüler der linken Bewegung fordern zum Teil in abgeschwächter Form ähnliche Freizügigkeiten. Hier muß vor einem zweifachen Irrtum gewarnt werden: Billigt man einmal zu, daß jedes gesunde Kind von Natur aus lernwillig, interessiert und leistungsbereit ist, dann liegt ein erster Irrtum vor, wenn man glaubt, daß Begabung und Interessen für bestimmte kulturelle Gebiete (z. B. in Gestalt der Unterrichtsfächer) natürliche Veranlagungen sind, für deren Pflege und Ausbildung das betreffende Individuum durch eigene Frage- und Lernleistungen sorgt. Demgegenüber haben die Befunde der modernen Begabungsforschung darauf aufmerksam gemacht, daß auch und besonders lernwirksame Umwelt- und Erziehungsbedingungen im Sinne des *Begabens* eine wichtige Rolle spielen (vgl. Roth, H., Hrsg., 1969). Das aber bedeutet, daß es nur dort zum Prozeß des Begabtwerdens kommt, „wo man sich mit dem betreffenden Kulturgebiet bereits eingelassen und erfolgreich auseinandergesetzt hat. Dazu sind auch Anstrengungen ... erforderlich, die nicht immer lustvoll erlebt werden ... Erfolgt die freie Wahl der Unterrichtsfächer durch die Kinder ohne vorausgegangene Erfahrungen mit ihnen, so geschieht dies auf der Basis von Vorurteilen. Außerdem besteht die Gefahr, daß die Schüler, lediglich vom Lustprinzip bestimmt, vor jenen Fächern ausweichen, die unbequeme Ansprüche stellen" (Weber, E., 1972 b, Nr. 2, S. 10). Es ist also zu erwarten, daß bei dieser Art von Erziehung Begabungen unerkannt und ungefördert bleiben. Ein zweiter Irrtum liegt vor, wenn man davon ausgeht, daß das Erlernen kultureller Inhalte auf den Auswahlbereich der individuellen Neigungen und Interessen beschränkt werden *dürfe* (vorausgesetzt, diese wären stets erkennbar, was bereits verneint wurde). Es gilt nämlich, auch einen bedeutsamen Grundbestand an Kenntnissen und Fertigkeiten rechtzeitig zu erlernen, unabhängig davon, ob dafür Anlagen und Neigungen vorliegen oder nicht. Gewiß wird der Tüchtige auch elementare Kenntnislücken von selbst zu füllen versuchen, wenn er mit einer Verspätung von vielen Jahren ihre Unerträglichkeit zu spüren bekommt; was aber geschieht mit jenen, welche diesen Unternehmungsgeist nicht mehr aufbringen? Neills Antwort: „Aus naheliegenden Gründen kann ich über diese Fälle nicht schreiben" (1969, S. 50). Der Unterricht in Summerhill erfüllt einfach nicht die Funktion der Vorbereitung auf das reale Leben. Im bereits erwähnten Bericht des Unterrichtsministeriums heißt es: „Die Kinder arbeiten zwar willig und mit sehr erfreulichem Interesse, ihre tatsächlichen Leistungen sind aber doch recht schwach" (1969, S. 92). Es wird von einer Nachforschung unter 50 ehemaligen Summerhill-Schülern berichtet, wonach „die meisten bedauerten, daß auf die wissenschaftlichen Unterrichtsfächer so wenig Wert gelegt worden sei ..." (nach Montagŭ, A., in: Summerhill, 1971, S. 55). Bei völlig individualistisch-liberaler Erziehung bleiben viele bedeutsame Bereiche der Kultur unbeachtet und ungenutzt. Mit welcher Unwissenheit in politischen und religiösen Belangen treten die ehemaligen Summerhill-Schüler in die Lebenswirklichkeit? Wie weit ist diese Subkultur von Summerhill bereits in die Isolation getreten, wenn Neill noch 1971 berichtet (1971, S. 49), daß von der Schulversammlung die Aufstellung eines Fernsehgerätes abgelehnt wurde? Neill möchte vermeiden, daß zur totalen Anpassung erzogen wird; dem kann man zustimmen. Wie aber soll sich ein Individuum von Dingen kritisch distanzieren können, wenn es mit ihnen auch nicht annähernd vertraut gemacht wurde?

Es stimmt, daß in unserer allzu leistungs- und fortschrittsgläubigen Gesellschaft der Schwerpunkt der Erziehung auf den kognitiven Bereich gelegt und wenig Rücksicht auf den Wert schöpferischer Kräfte und emotionaler Ausgeglichenheit genommen wird. Neills radikale Umkehrung der Proportionen löst jedoch das Problem nicht, es schafft neue Einseitigkeiten, deren mögliche Auswirkungen mit den bereits geschilderten zusammenfallen. Hier ist Erziehung auch nicht mehr spezifisch anti-autoritär, hier wird sie anti-intellektualistisch.

Was schließlich die völlig angstfreie Erziehung betrifft, die dadurch gerechtfertigt wird, daß Furcht als Schutz vor Gefahren gegenwärtig nicht mehr nötig ist, so ließen sich zahlreiche Beispiele anführen, die gerade das Gegenteil beweisen. Gesundheit und Leben, vor allem völlig furchtlos erzogener Kinder, sind heutzutage wahrscheinlich gefährdeter denn je.

Über Fragen einer zeitgemäßen Sexualerziehung und über das spezielle Problem, welche sexuellen Freiheiten Kindern und Jugendlichen zu gewähren seien, wird gegenwärtig mit sehr viel Polemik diskutiert. Da dieses Thema eine sehr differenzierte Behandlung verlangt und von vielen Ungewißheiten ausgegangen werden müßte, kann es hier nicht erörtert werden (vgl. dazu Bd. IV). Nur so viel sei angemerkt: Der menschliche Sexualtrieb ist nicht wie beim Tier durch entsprechende Instinkte abgesichert, und es erscheint gefährlich, für sein natürliches Ausleben zu plädieren. Freiheit auf sexuellem Gebiet setzt Liebesfähigkeit, Rücksichtnahme und Verantwortung für das Glück des Partners voraus, Bedingungen also, die nicht gleichzeitig mit verständlicher sexueller Neugier und dem sicheren Umgang mit Verhütungsmitteln gegeben sind. Ersterlebnisse, auch und vor allem sexueller Art, sind stets lebensbedeutsame Grunderfahrungen, die eine Persönlichkeit in erwünschter, aber auch in höchst unerwünschter Weise prägen und verändern können. Hier ergeben sich für die soziale Erziehung — keineswegs für die Sexualerziehung allein — sehr schwere Aufgaben der rechtzeitigen Vorbereitung, die erst einmal erfüllt sein wollen. Beide antiautoritären Positionen neigen bei diesem Problem zu einer gewissen Bedenkenlosigkeit.

Es ist an dieser Stelle nicht zu entscheiden, in welcher Weise und in welchem Maße gegenwärtig an den Schulen Leistungsforderungen erhoben werden sollten. Es steht jedoch fest, daß durch permanentes Prüfen und Benoten ein abnormer Leistungsdruck ausgeübt und Angstneurosen hervorgerufen werden können, daß für die Notengebung gewöhnlich sehr subjektive und unterschiedliche Maßstäbe angesetzt werden und daß schließlich Prüfen und Zensieren auch als Möglichkeiten zur Disziplinierung mißbraucht werden. Die Konsequenz daraus, die von einigen extrem kritischen Schülern gefordert wird, kann jedoch nicht die Abschaffung der Leistungsbeurteilung überhaupt sein. Auf ihre Bedeutung für die Information anderer, für die eigene Selbstkontrolle und Anregung kann nicht verzichtet werden. Die Fragwürdigkeit subjektiver Lehrerbeurteilung sollte auch nicht durch die Fragwürdigkeit subjektiver Schülerselbstbeurteilung ersetzt werden; hier könnte die Offenlegung und Begründung von Beurteilungskriterien einen vernünftigen Kompromiß schaffen. Schließlich ist auch nicht jede Leistung durch objektive Tests quantifizierbar. Es erscheint jedoch vernünftig zu fordern, daß das Prinzip des Zensierens und Auslesens zugunsten stärkerer Differenzierung und Förderung in den Hintergrund treten sollte (vgl. Lichtenstein-Rother, I., Hrsg., 1971).

Die sozialistisch Antiautoritären nehmen hinsichtlich ihrer revolutionären Pläne und Aktionen sowie hinsichtlich ihrer totalen Politisierung der Erziehung eine extreme Gegenposition zu Neills politischer Enthaltsamkeit ein. Man geht hier von der Ansicht aus, daß im gegenwärtigen System keine durchgreifenden Verbesserungen mit überzeugenden Argumenten durchgesetzt werden könnten, weil die Position der Mächtigen so stark sei, daß sie sogar die Einstellungen und Motive der abhängigen Mehrheit zu ihren Gunsten manipulieren könnten. Angesichts dieses Zustandes dürfe man nicht mehr erfolglos weiterdiskutieren, sondern müsse zum Mittel der Gegengewalt greifen. Für dieses Argument mögen manche Tatsachen sprechen, ebenso gibt es aber auch Belege für die Möglichkeiten gesellschaftlicher Veränderung auf legaler Basis. Von daher gesehen erscheint die gelieferte Interpretation der Gesellschaftslage einseitig und pessimistisch; der Anspruch auf Gewalt beruht auf der Selektion passender Beispiele.

Kritik ist deshalb insoweit angebracht, als erziehungsmethodisches Vorgehen von strategischen Erwägungen eines politischen Extremismus diktiert wird. Die erzieherische Autorität, basierend auf einer vielseitigen Unmündigkeit des Kindes und seinem Vertrauen in eine ebenso vielseitige Überlegenheit des Erziehers (vgl. S. 85 f.), darf nicht mißbraucht werden für ein Vorgehen, welches derzeit als ungerechtfertigt und gefährlich angesehen werden muß. Dieser Autoritätsmißbrauch manifestiert sich zuweilen in der undifferenzierten und einseitigen Darstellung gesellschaftlicher Zustände, im Urteilen nach Schwarz-Weiß-Manier, im Aufbau pauschaler Freund-Feind-Schemata. So sehr man in dieser Erziehung um Verständnis, Toleranz und Solidarität für Mitglieder der eigenen Bezugsgruppe bemüht ist, so wenig werden diese Tugenden gegenüber Andersdenkenden und Andershandelnden für tauglich befunden. Bestehende Konflikte werden damit zusätzlich geschürt. Der Mißbrauch erzieherischer Autorität manifestiert sich weiter in der Tatsache, daß man Unmündige zuweilen motiviert, Gewalt als geeignetes Mittel zur Beseitigung bestehender Übel und Konflikte anzusehen.

Nur blinder Fanatismus kann am Ende dieser speziellen Form der Manipulation stehen, wenn sie Erfolg hat. Daß es in einem demokratischen System darauf ankommt, gerade diesen zu vermeiden, humanere Wege als den der Gewalt für die Behandlung von Mißständen und Konflikten zu suchen und weiter zu institutionalisieren, paßt nicht in das Konzept dieser Erziehung.
Inwieweit die kindliche Erlebnis- und Verstehensgrundlage zum Erfassen komplexer gesellschaftspolitischer Zusammenhänge und Problemlösungen schon geeignet ist, soll hier nicht erörtert werden. Feststehen dürfte jedoch, daß es leichter ist, Kindern und Jugendlichen derartige Sachverhalte in verantwortungsloser Einseitigkeit nahezubringen als in ihrer wahren Differenziertheit. Die Versuchung dazu ist groß. Die antiautoritäre Erziehung sozialistischer Prägung hat erkannt, daß Politik und Erziehung miteinander verschränkt sind, aber sie ist der genannten Versuchung erlegen. Es gibt in der Tat zahlreiche Beispiele aus dem kindlichen Erfahrungsbereich, mit deren Hilfe sich die Schwächen des gegenwärtigen Gesellschaftssystems veranschaulichen lassen; als zerstörenswert erscheint dieses System aber erst dann, wenn man entscheidende Fragen verdrängt oder bewußt außer acht läßt: Unter welchen Umständen ist politische Gegengewalt zu rechtfertigen? Unter welchen Opfern und Leiden müssen Revolutionen erkauft werden und welch zweifelhafte Erfolge sind ihnen zuweilen beschieden? Welche Freiheiten und Grundrechte realisiert unsere Gesellschaft und welche legalen Möglichkeiten der Verbesserung des augenblicklichen Zustandes sind gegeben? In welchen Varianten und Steigerungsformen sind politische Gewalt und Unterdrückung möglich?

Schon in der sprachlichen Leichtfertigkeit, mit der Begriffe wie Unterdrückung, Gewalt, Gegengewalt, Revolution u. ä. angewendet werden, zeichnet sich eine gefährliche Tendenz zur Verharmlosung und Verdrängung der gestellten Fragen ab. Diese Begriffe werden zu Schlagwörtern degradiert, was sie bezeichnen, erhält den Charakter des Alltäglichen und Selbstverständlichen, über das nachzudenken sich nicht mehr lohnt.

Die radikale Linke hofft auf die Unterstützung ihres Programms durch die Klasse der arbeitenden Bevölkerung, für deren Interessen zu kämpfen sie vorgibt; da sie die Aufklärung der Massen über gesellschaftliche Mißstände in einem weitgehend unverständlichen Soziologen-Jargon betreibt, andererseits aber das Vorhaben des gesellschaftlichen Umsturzes durch klare Worte und anschauliche Aktionen zu erkennen gibt, ist diese erhoffte Solidarisierung bislang ausgeblieben. Es ist sogar zu befürchten, daß die zu einem gewissen materiellen Wohlstand gelangte Arbeiterschaft durch die lautstarke Ankündigung radikaler Veränderung abgeschreckt und weit in die Arme derjenigen getrieben wird, die sich nicht einmal für Reformen aufgeschlossen zeigen.

3.4 Der emanzipatorische Erziehungsstil

Befreiung aus vielen Formen der Abhängigkeit, Unselbständigkeit und Beschränktheit pflegt man mit dem Terminus „*Emanzipation*" zu kennzeichnen. Man spricht von Emanzipation der Arbeiterschaft, von Frauenemanzipation, von Emanzipation der Völker der dritten Welt u. ä., woraus ersichtlich wird, daß Emanzipation ursprünglich ein juristischer und politischer Begriff ist (vgl. Spaemann, R., 1971). Da auch der junge Mensch aus vielen Formen der Unselbständigkeit und Beschränktheit befreit werden muß, spricht man neuerdings auch von *emanzipatorischer Erziehung*; hier bemüht man sich im besonderen um *befreiende Lernhilfen*, von denen erwartet wird, daß sie am ehesten der pädagogischen Zielvorstellung von *Mündigkeit* (vgl. Bd. I, 4.3) angemessen sind. Aus der Kritik der bisher dargestellten Erziehungsstile ergibt sich, daß die Befreiung des jungen Menschen aus seiner ursprünglichen Unmündigkeit weder allein durch Eigenleistung noch allein durch Fremdleistung, weder durch Gewährung völliger Freiheit noch durch permanente Bevormundung gelingt. Andererseits aber läßt sich keinesfalls einfach ein billiger Kompromiß zwischen den dogmatischen und kontroversen Grundannahmen einer autoritären und antiautoritären Erziehung schließen. Es wäre ein Widerspruch in sich selbst, beide Stilformen zu mischen und beliebig etwas autoritär und etwas antiautoritär sein zu wollen. Wenn Erziehung dem gesetzten Mündigkeitsziel adäquat sein soll, muß ein vernünftiges Verhältnis zu *Autorität* und *Freiheit* gewonnen werden; erst wenn dieses Verhältnis geklärt ist, welches sich bei den geschilderten Extremstilen als gestört erweist, kann von Fall zu Fall entschieden werden, wie der zu Erziehende dem Ziel der Mündigkeit nähergeführt werden kann.

3.4.1 Autorität und Freiheit in der Erziehung

Autorität läßt sich formal bestimmen als *soziale Macht* oder als *sozialer Einfluß* eines Autoritätsträgers über einen Autoritätsempfänger aus einer wie auch immer gearteten Überlegenheit heraus. „Autorität ist eine soziale Relation, in der der eine Part für den anderen eine ... entscheidungsbeeinflussende Führungs- und Vorbildrolle spielt" (Strzelewicz, W., 1961, S. 158). Nun kann die Überlegenheit des Autoritätsträgers sehr unterschiedlich fundiert sein: Zustimmung und Anerkennung durch den Autoritätsempfänger können von vornherein gegeben, ehrlich erworben, durch Täuschung erschlichen oder auch durch unverhüllte Gewalt erzwungen sein. Macht und Einfluß selbst können aus physischer und materieller Überlegenheit zustandekommen, sie können auf einem Vorsprung des Wissens, des Könnens und der Erfahrung beruhen, sie können aber auch auf der emotionalen Grundlage des Vertrauens, der schwärmerischen Zuneigung, der Verehrung oder Angst, über religiös begründete soziale Positionen oder durch delegierte, von höheren Autoritäten gestützte Vollmachten (Amtsautorität) u. ä. erworben werden.

Autorität ist abgeleitet von dem Wort „augere" (vermehren, fördern). Mit dem Anspruch der Förderung aber rechtfertigen sich auch zweifelhafte Autoritäten. Wo liegen Geltungsbereich und Grenzen pädagogischer Autorität? Auf welche Weise darf und soll die Überlegenheit des Erziehers zum Zuge kommen?
Körperliche und materielle Überlegenheit sind Garanten für Schutz, Behütung und Fürsorge. Ihr pädagogisch motivierter Einsatz in Form von körperlicher Züchtigung oder des Entzuges vitaler Bedürfnisbefriedigungen zeugt jedoch von autoritärer Willkür und von Machtmißbrauch. Wissen, Erfahrung und Können verpflichten zu Information, Belehrung, Beratung, Hilfe und Vorbildhaftigkeit. Bewußt versäumte Aufklärung oder getarnte Fehlinformationen aus Bequemlichkeitsgründen bedeuten jedoch ebenfalls einen Mißbrauch der erzieherischen Autorität. Anweisungen, Befehle, Tadel und mit Einschränkungen auch Strafen können sich aus der Sicht des erfahrenen Erwachsenen als notwendig erweisen, ohne Begründung und Rechtfertigung bleiben sie jedoch eher Ausdruck des Spiels mit der Macht als Ausdruck erzieherischer Förderung. Zuweilen muß der Erzieher berechtigte Forderungen durchsetzen, obwohl deren Begründungen vom Kinde noch nicht eingesehen werden. In solchen Fällen muß sich seine Autorität auf die emotionale Basis des grundsätzlichen Vertrauens und der Anerkennung stützen können. Diese Basis, die auch für alle anderen Erziehungsmaßnahmen von großer Bedeutung ist, läßt sich durch Achtung, Wertschätzung und durch Äußerungen des Verstehens aufbauen und erhalten. Auch wenn Gehorsam einmal erzwungen werden muß, wird die Vertrauensbasis nicht erschüttert, weil im Kinde die Einstellung gefestigt ist, daß das Handeln des Erziehers von Förderungsabsichten und nicht von Machtansprüchen geleitet wird. In eine heikle Position kommt erzieherische Autorität als Amtsautorität; so kann z. B. der Vermittlungsversuch des Lehrers zwischen gesellschaftlichen Ordnungen und Normen, die er repräsentieren und reproduzieren soll, und den Bedürfnissen und Interessen auf Schülerseite nicht immer gelingen; die Autorität des Lehrers pervertiert jedoch dann eindeutig ins Autoritäre, wenn er von außen gestellte Forderungen nicht begründen zu müssen glaubt und sich bei Schwierigkeiten nur auf seinen Auftrag, sein Amt, auf höhere Autoritäten beruft.
Erziehung ohne Autorität ist demnach nicht denkbar. Die für erzieherische Autorität erforderliche Überlegenheit ist zum Teil von vornherein gegeben, zum anderen Teil muß sie fortlaufend neu erworben werden. Die Gefahren des Machtmißbrauchs durch den Erzieher sind erheblich, deshalb bedarf es vor dem Einsatz von Autorität einer *verantwortungsvollen Entscheidung.*
Letzteres gilt auch für die *Gewährung von Freiheit.* Freiheit ist zunächst ein zentrales Bedürfnis, dessen Befriedigung nicht beliebig lang aufgeschoben werden darf; dem Kinde steht ein Recht zu, so sein und so handeln zu dürfen, wie es gerne möchte. Hier findet die Forderung einer „Pädagogik vom Kinde aus" ihre partielle Berechtigung: dem jungen Menschen ist jeweils altersgemäß freie Entfaltung der Persönlichkeit zuzugestehen, ein Spielraum, in dem er ganz Kind sein kann.

So wichtig in der Erziehung die Gewährung solcher Freiheiten sein mag, die in der Zielformel der Mündigkeit intendierte spezifisch menschliche Freiheit ist etwas anderes. Diese Freiheit muß zum Teil unter Verzicht auf jene augenblicklichen Freiheiten erst erworben werden. Der kindliche Status ist Unfreiheit; dieser drückt sich aus in Unwissen, Unvermögen, Unsicherheit, Unselbständigkeit im Denken, Urteilen und Handeln; dieser Status kann nur durch geeignete Lernprozesse überwunden werden. Menschliche Freiheit, die es zu erwerben gilt, meint nach H. Roth ein Mehrfaches: die Fähigkeit, sacheinsichtig zu handeln — Sachkompetenz, intellektuelle Mündigkeit; die Fähigkeit, sozialeinsichtig zu handeln — Sozialkompetenz, soziale Mündigkeit; die Fähigkeit, werteinsichtig zu handeln — Selbstkompetenz, moralische Mündigkeit (Roth, H., *1971*, S. 448; S. 456—588). Zum Erwerb dieser Kompetenzen sind nicht alle Lernprozesse und Lernhilfen geeignet.
Zu den noch darzustellenden emanzipatorischen oder befreienden Lernhilfen muß auch die Gewährung von Freiheit selbst gerechnet werden. Damit ist aber nicht jene Freiheit gemeint, in der das Kind — wie bereits erwähnt — „ganz Kind sein kann", sondern in der sich bereits Selbständigkeit und Verantwortung bewähren müssen. Es wäre nämlich illusorisch anzunehmen, das Ziel der Freiheit im Sinne von Mündigkeit könne erreicht werden, ohne daß auch die Fähigkeit rechtzeitig geübt wird, mit gewährter Freiheit verantwortlich umzugehen. Selbständigkeit im Denken und Handeln, Entschlußfähigkeit, kritische Distanz zur Umwelt und zu sich selbst, Verantwortung u. ä. stellen sich nicht erst nach einem gewissen Alter oder nach einem Reifetestat von selbst ein, sondern bedürfen eines permanent zu gewährenden Freiheitsspielraums. Nur durch *vertrauensvollen Vorschuß eines freien Bewährungsspielraums* gelingt die Annäherung an das Ziel der Mündigkeit. Dieser Gedanke muß hervorgehoben werden. Im Gegensatz zum juristischen Mündigkeitsbegriff erweckt nämlich der pädagogische die Vorstellung an ein wirklichkeitsfernes Persönlichkeitsideal, welches unerreichbar ist. Von daher wäre der Mündigkeitsbegriff für eine sehr gefährliche Rechtfertigung geeignet, den Kreis der Mündigen einzuschränken bzw. das Unmündighalten von Kindern und Jugendlichen zeitlich beliebig auszuweiten (vgl. Spaemann, R., 1971).

3.4.2 Äußerungsformen des emanzipatorischen Erziehungsstils

Auch emanzipatorische Erziehung muß zunächst mit Fremdbestimmung beginnen. Erst mit zunehmenden Lernfortschritten von Kindern und Jugendlichen eröffnen sich mehr und mehr Möglichkeiten für Selbstbestimmung; der Erzieher kann in zunehmendem Maße in den Hintergrund treten und es wagen, sich überflüssig zu machen. Aber schon von Anfang an wird er stets bestrebt sein, das Aufgebot an Fremdbestimmung vor der eigenen Vernunft und — sofern dies bereits möglich erscheint — vor der Vernunft des zu Erziehenden zu rechtfertigen. *Der Leitgedanke der Befreiung des jungen Menschen aus seiner Un-*

mündigkeit kontrolliert die Maßnahmen der Fremdbestimmung, er drängt zum Einsatz sog. befreiender Lernhilfen und entscheidet über die Gewährung von Freiheit, in der sich selbständiges und verantwortliches Handeln bereits bewähren können. Dort, wo sich partielle Mündigkeit abzuzeichnen beginnt, werden Gelegenheiten der Selbstbestimmung eingeräumt, auch wenn damit gewisse Risiken verbunden sein mögen oder die Erziehung und überhaupt das Leben der Erwachsenen unbequemer zu werden drohen. Wo liegen nun die Möglichkeiten einer befreienden oder emanzipatorischen Lernhilfe, wie soll Mündigkeit bewußt und planvoll gefördert werden?

Die Notwendigkeit der Förderung von Einsicht in Zusammenhänge der Sachwelt, in Normierungen und Bedingungen menschlichen Handelns, in gesellschaftliche und moralische Probleme, wurde bereits an früherer Stelle erörtert (vgl. S. 45 ff.). Im Mittelpunkt standen dabei die befreienden Lernhilfen des Rechtfertigens und Begründens, des vernünftigen Argumentierens und Diskutierens. Diese die menschliche Vernunft freisetzenden Erziehungspraktiken sind ein Hauptmerkmal emanzipatorischer Erziehung, sie müssen im Auge behalten werden, auch wenn auf sie nicht mehr eigens eingegangen wird.

Wissen und Einsicht in Zusammenhänge, die zur Befreiung aus kindlicher Unmündigkeit wichtig sind, machen auch *Belehrung* und *Unterweisung* erforderlich, Praktiken, auf die autoritäre wie emanzipatorische Erziehung zurückgreifen müssen; letztere aber zeichnet sich dadurch aus, daß sie zusätzlich in optimaler Weise auf *kindliche Neugier und Wißbegierde* eingeht. Emanzipatorische Erziehung nimmt jede Gelegenheit wahr, die im Kinde ursprünglich sehr stark ausgeprägte *Initiative des Frage- und Problemstellens zu erhalten und zu fördern;* sie tut dies konkret durch ausdrückliche Anerkennung des gezeigten kindlichen Interesses durch bereitwilliges Antworten, das die kindliche Wissenslücke schließt, durch Denkimpulse, mit deren Hilfe sich das Kind durch selbständige Denkleistungen weitere Einsicht in bestimmte Sachverhalte verschaffen kann, durch Hinweise, die neue Fragen und Probleme eröffnen, durch Bereitstellen von Informationsquellen (Kinderlexika, Nachschlagewerke, Aufklärungsmaterial), wodurch auch die Initiative zum eigenen Lösungsversuch von Fragen und Problemen geweckt wird. Worauf es in unserer so schwer überschaubaren Welt ankommt, ist gerade das Sehenlernen von Problemen, deren selbständige Bewältigung sowie die Motivation zum lebenslangen Weiterlernen und Umlernen. Warum aber werden die Ansätze dazu oft so früh verschüttet? Warum weicht die lebendige Kleinkindneugier so oft und so bald einer stumpfsinnigen Interesselosigkeit? Offenbar ist es das Erlebnis des eigenen Entdeckens von Fakten und Beziehungen, das die ursprüngliche Wißbegierde wach hält, und offenbar ist es die mangelnde Rücksichtnahme auf kindliche Interessen und eine „Überfütterung durch die passive Adaption gelöster Probleme und fertiger Antworten" in Elternhaus und Schule, die die Lernmotivation und die ursprüngliche Interessiertheit des Kindes wieder zunichte machen (Roth, H., 1971, S. 376). In diesem

Zusammenhang muß die Forderung nach partieller Mitbestimmung der Schüler bei der Auswahl von Lerninhalten als durchaus sinnvoll angesehen werden; vor allem aber muß der traditionelle Frontalunterricht mehr als bisher durch Verfahren ersetzt werden, die den Schüler aus seiner passiven und rein rezeptiven Position befreien (z. B. durch Gruppenunterricht).

Belehrung und Unterweisung stellen sich aber nicht nur dann im besonderen Maße als emanzipatorische Lernhilfen dar, wenn bei der *Auswahl der Lerninhalte* kindliche Fragen und Interessen aufgegriffen werden, sondern auch und vor allem dann, wenn der Erzieher *solche Probleme zum Gegenstand geistiger Auseinandersetzung macht, die der junge Mensch noch nicht wahrnimmt, denen er aber in Zukunft völlig unvorbereitet ausgeliefert sein kann,* ohne dies unter Umständen überhaupt selbst zu bemerken. Es wäre im übrigen ein Irrtum anzunehmen, durch schulische Lehrpläne und Richtlinien sei bereits alles abgedeckt, was für das Leben gelernt werden sollte; denn bekanntlich wird in der Schule nicht nur manches gelernt, was sich später als unbrauchbar erweist, sondern es wird auch manches Wichtige nicht gelernt, wodurch dem späteren Erwachsenen unnötige Verlegenheiten, Abhängigkeiten und Unfreiheiten beschert werden. Die Auswahl von Lernzielen und -inhalten kann demnach nicht allein und vorbehaltlos anonymen Kommissionen anvertraut werden, sie fällt auch unter die Verantwortung des einzelnen Erziehers, der sie unter dem Kriterium der zu erstrebenden Mündigkeit zu treffen hat.

Einige alltägliche Phänomene und Probleme aus dem gesellschaftlichen Lebensbereich, die von den meisten Erziehungsinstitutionen nur am Rande oder gar nicht wahrgenommen werden, denen viele Jugendliche und Erwachsene geistig unvorbereitet gegenüberstehen bzw. ausgeliefert sind, seien beispielhaft angeführt: das gesellschaftliche und moralische Problem der Wehrpflicht; rechtlicher bzw. tatsächlicher Status von Lehrlingen und Möglichkeiten des Gebrauchs der ihnen zustehenden Rechte; Probleme der Mitbestimmung in Schulen und Betrieben; kritische Analysen politischer Information, Propaganda und Bewußtseinsmanipulation unter besonderer Berücksichtigung des Wahlkampfes; Sinn und Mißbrauch der Konsumwerbung; Kriminialität und Strafvollzug; Freizeit unter Einbeziehung von Phänomenen wie Sexualität, Tourismus, Schlagerkonsum, Breitensport und „moderner" Leistungssport u. ä. mehr.

Auswahl und kritische Behandlung solcher Themen dürften sich zweifellos als befreiende Lernhilfe erweisen, befreiend von einer unreflektierten Hinnahme gesellschaftlicher Gegebenheiten, von falschen Sicherheiten und Vorurteilen, von ursprünglicher Ängstlichkeit und Unaufgeklärtheit, von Bedingungen, die es ermöglichen, daß Menschen durch Menschen verführt und mißbraucht werden können. Die Analyse gesellschaftlicher Phänomene und Probleme wird unvermeidlich auch zur Aufdeckung von Mängeln und Mißständen führen, an denen sich Kritik entzündet. Die Förderung der *Kritikfähigkeit* muß als wichtige Aufgabe emanzipatorischer Erziehung angesehen werden; dazu gehört aber auch das Bemühen um *konstruktive Kritik;* wer kritisiert, sollte neue Vorschläge machen können.

Aus einer Erziehung zu kritischer Auseinandersetzung mit der Umwelt muß sich konsequenterweise ergeben, daß auch der Erzieher selbst zum Gegenstand der Kritik gemacht werden kann. Hier erweist sich, inwieweit die Förderung der Mündigkeit vom Erzieher wirklich ernst genommen wird. Emanzipatorische Erziehung *stellt sich der Kritik* des zu Erziehenden, um dessen Urteil und Meinung zu bestätigen oder zu korrigieren, aber auch, um das eigene Erzieherverhalten verbessern zu können, wenn sich die Kritik als berechtigt herausstellt. Unberechtigte Kritik muß sachlich korrigiert werden, der Erzieher darf auf sie nicht affektiv reagieren; dies gilt auch dann, wenn Kritik auf unbeholfene und taktlose Weise geäußert wird. Für das Äußern von Kritik gibt es zwar gewisse sprachliche Regelungen, die befolgt werden sollten, aber auch sie müssen erst einmal erlernt werden — und nur selten zeigen Erwachsene, wenn sie ihrerseits Kinder und Jugendliche kritisieren, ein diesbezüglich geeignetes Modellverhalten.

Praktische Anweisungen, Aufforderungen und Befehle, die das Handeln determinieren, sind Maßnahmen, die für autoritäre Erziehung kennzeichnend sind, auf die aber auch emanzipatorische Erziehung nicht verzichten kann; letztere jedoch prüft vorausgehend von Fall zu Fall, ob der Einsatz dieser Praktiken gerechtfertigt ist und wie er sich nach außen vernünftig begründen läßt; beim zu Erziehenden soll die Einsicht in ihre Notwendigkeit hergestellt werden (vgl. S. 45 ff.). Zusätzlich nimmt emanzipatorische Erziehung wiederum jede Gelegenheit wahr, die Praktiken verbindlicher Vorentscheidung und Fremdbestimmung durch solche zu ersetzen, die *mehr Spielraum für selbständiges Entscheiden und Handeln zulassen, z. B. durch Anregen, Ermutigen, Beraten, Aufmerksammachen, durch Appell an die Vernunft* bei bereits vorhandener Einsicht, die aber unter dem Reiz der Situation häufig verdrängt wird und wieder ins Bewußtsein gerufen werden soll („. . . wenn ihr auf diesem engen Hof Fußball spielt, wird der Ball wahrscheinlich durch so ein Fenster fliegen; eine Scheibe kostet 30 Mark!"), *durch Appell an das Gewissen* bei bereits verinnerlichten Verhaltensnormen, die aber unter Situationsdruck vergessen werden können („. . . du läßt doch sonst auch die anderen mit deinem Kett-Car fahren — komm, sei doch nicht so!"). Fremdbestimmung wird auch reduziert und ein gewisser Spielraum für selbständiges Handeln eingeräumt, wenn man Zeitpunkt und Art der Durchführung eines verbindlichen Auftrags dem Kinde überläßt. Genauso wichtig ist es, daß das kindliche Bedürfnis, *etwas „selbst tun" zu dürfen*, respektiert und gefördert wird, auch wenn dabei aus Erwachsenensicht Umwege und Fehler gemacht werden. Ungeduld und Besserwisserei, die solches nicht zulassen, hemmen das Vertrauen des Kindes zu sich selbst und halten es in Abhängigkeit und Unselbständigkeit. „Ich will jetzt *das* machen" bzw. „das will *ich* machen" bedeutet ja, daß sich das Kind *selbständig* zumindest schon *ein Ziel gesetzt hat.* Im Setzen von Zielen aber liegt bereits ein wichtiger Ansatzpunkt für Selbstbestimmung. Dort, wo das Kind immer wieder die Erfahrung machen muß, daß es sich umsonst etwas vorgenommen hat, daß die selbständige

Durchführung von Vorhaben auf den Widerstand der Erwachsenen stößt, bleibt nicht nur die Eigeninitiative unterentwickelt, sondern es wird dem Kind auch die Chance genommen, bei der Durchführung von Vorhaben eigene wertvolle Erfahrungen aus Erfolgen und auch aus Fehlern sammeln zu können. Die zuweilen neurotische Angst mancher Kinder, etwas falsch zu machen, entsteht im übrigen kaum durch das Fehlermachen selbst, sondern vorwiegend durch die Ängstlichkeit der Erwachsenen und ihre Dramatisierung kindlicher Fehler. Die Angst vor Fehlern verhindert man, indem man das Kind auch Fehler machen läßt und ihm die Gelegenheit gibt, es beim nächsten Mal besser zu machen.

Mündiges Handeln bedarf auch der *Fähigkeit des Umgangs mit anderen*; um den richtigen Umgang mit anderen lernen zu können, muß er praktiziert werden und zwar einerseits durch geeignete Verhaltensmodelle (Vorbilder) und andererseits durch entsprechende Gelegenheiten, die dem zu Erziehenden selbst eingeräumt werden. Emanzipatorische Erziehung fördert die Fähigkeit des richtigen Umgehens mit anderen auf der Basis *demokratischer Kooperation*. Der Erzieher bekundet den ernsten Willen zur Zusammenarbeit, indem er — wie bereits ausgeführt — bei Entscheidungsprozessen und Lernprozessen den zu Erziehenden mitbeteiligt und dabei ein geeignetes Modellverhalten zeigt; er gewährt aber auch Möglichkeiten, bei denen die Zusammenarbeit unter Gleichaltrigen praktiziert werden kann. Was dabei konkret an Sozialkompetenz gelernt werden soll, ist erstens die Fähigkeit, Absichten, Meinungen und Verhaltensweisen anderer zu *verstehen* und dieses Verstehen auch nach außen erkennbar zu machen; damit wird ausgedrückt, daß man andere ernst nimmt, daß man *Toleranz* übt. Wichtig ist zweitens das Erlernen der Fähigkeit, von eigenen Egoismen abzusehen, sich für andere einzusetzen, ihnen zu helfen, ihre Lage zu verbessern, die schlechter als die eigene sein kann. Hierin äußert sich die *Mitverantwortung für andere*. Schließlich muß drittens gelernt werden, wie soziale *Konflikte auf demokratische Weise zu regeln* und auszutragen sind. Dies verlangt vom Erzieher, daß er über Konflikte anderer aufklärt und reflektieren läßt, vor allem aber, daß er die Praxis ihrer demokratischen Regelung in das pädagogische Feld selbst einführt (Mollenhauer, K., 1968, S. 71). Gelegenheiten dazu bieten beispielsweise Disziplinkonflikte, aber auch Konflikte unter Kindern und Jugendlichen. Das Handeln vom Konflikt betroffener Parteien sollte von der Einsicht geleitet sein, daß Interessengegensätze in *offener Diskussion mit einsehbaren Argumenten* auszutragen sind, daß also auch im Konfliktfall versucht werden muß, die Basis der Kooperation aufrecht zu erhalten. Es muß gelernt werden, daß Konflikte zur Eskalation getrieben werden können, wenn sie der Stärkere durch Gewalt und „kurzen Prozeß" zu beseitigen versucht und dadurch den Schwächeren in eine Lage bringt, aus der heraus er wahrscheinlich mit versteckter Aggressivität reagiert.

Die Förderung der Kooperationsfähigkeit kann sich grundsätzlich bei jeder Art von Gruppeninteraktion ergeben, beim Regel- und Rollenspiel mit Gleichaltrigen, beim familiären Tischgespräch, im Unterricht, in Jugendgruppen und

Clubs; gezielt und planvoll wird sie bei schulischer *Gruppenarbeit* angestrebt. Ein sehr bedeutsames Übungs- und Bewährungsfeld könnte sich auch mit einer neuen Form der *Schülermitverantwortung* eröffnen (vgl. Wilhelm, Th., Hrsg., 1970; Auernheimer, G. u. M. Doehlemann, 1971). Diese aber darf keine spielerische Nachahmung politischer Situationen mit untauglichen Mitteln sein, sondern muß „Ernstcharakter" erhalten, das heißt, die spezifischen Probleme und Interessen von Schülern müssen innerhalb eines institutionalisierten Rahmens wirkungsvoll artikuliert und vertreten werden können (Mollenhauer, K., 1968, S. 72).

Ein sehr wichtiges Merkmal der Mündigkeit ist schließlich die Fähigkeit des *schöpferischen Denkens* (Produktivität, Kreativität). Schöpferische Leistungen werden nicht nur von genialen Menschen in Kunst und Wissenschaft erbracht, sondern im Alltag von jedem Menschen verlangt (vgl. Oerter, R., 1971, S. 285 ff.). Schon das Sehen von Problemen kann eine produktive Leistung sein; im besonderen aber bezeichnet man jene Ideen und Einfälle als produktiv, die zu neuen und originellen Problemlösungen führen, die für das Individuum oder die Gesellschaft eine Bereicherung darstellen können. Der Schaufensterdekorateur braucht solche Ideen ebenso wie der Geschäftsmann, der Unternehmer, der Kriminalbeamte, der Politiker, jeder Erzieher u. a., die ständig sich wandelnden Situationen und Problemen gewachsen sein müssen. In jedem Menschen kann Kreativität gefördert werden; in der Phantasie der Kinder, in ihren Fiktions- und Rollenspielen tritt sie bereits deutlich zutage. Solche Ansätze müssen positiv bewertet werden. Kinder, die Ideen und Einfälle produzieren und Eigeninitiative entwickeln, müssen darin ausdrücklich anerkannt werden. Zaghafte und gehemmte Kinder („so etwas kann ich nicht") bedürfen der Ermutigung. Situationen, die kreatives Denken erforderlich machen, sind zu provozieren (Rätsel, Problemlösungsaufgaben), geeignetes Anregungsmaterial ist bereitzustellen (Baukästen, Werkzeug, Farben u. ä.), zu konstruktiver Kritik (neue Vorschläge) muß angeregt und die Vielseitigkeit der Interessen muß gefördert werden. Insgesamt gesehen sollte in der Erziehung der spontanen Aktivität größeres Gewicht als dem reaktiven Verhalten zugewiesen werden (vgl. Oerter, R., 1971, S. 395 ff.).

Daß emanzipatorische Erziehung politische Konsequenzen hat, ergibt sich zwanglos aus den vorausgegangenen Ausführungen. Im Emanzipationsbegriff verschränkt sich die pädagogische mit der politischen Dimension (vgl. Bd. I, 4.3). *Lernen* ist die eine, die „subjektive Seite von Emanzipation, die objektive Seite ist der politische Kampf gegen alle überflüssigen Formen von Herrschaft", das *öffentliche Engagement* gegen unnötige Ungleichheit und Abhängigkeit (Giesecke, H., 1969, S. 95). Ohne das erste, ohne Lernen und befreiende Lernhilfen, ist das zweite nicht möglich.

3.5 Schichtenspezifische Erziehungsstile

Ebenso wie die bereits dargestellten Stilformen gehören die Erziehungsstile der Sozialschichten zu den sog. Gruppenstilen (vgl. S. 53). Beim autoritären, antiautoritären und emanzipatorischen Erziehungsstil bezog sich der Stilbegriff auf künstliche Gruppen im Sinne *pädagogischer Klassifikation und Kategorienbildung*; wer beispielsweise zur Kategorie der Erzieher mit autoritärem Erziehungsstil zu rechnen ist, das läßt sich aufgrund bestimmter Erziehungsvorstellungen und -praktiken entscheiden, ohne daß Rücksicht auf andere gemeinsame Merkmale genommen zu werden braucht. Wenn jedoch von schichtenspezifischen Erziehungsstilen gesprochen wird, bezieht man sich auf soziologische Kategorien (z. B. „soziale Unterschicht", „soziale Mittelschicht" u. a.), die „zur Bezeichnung objektiv begrenzter, strukturell determinierter Bevölkerungsgruppen benutzt" werden (Bernsdorf, W., Hrsg., 1972, S. 743). Welches Individuum welcher Sozialschicht zuzuordnen ist, bemißt sich an den *Kriterien gesellschaftlicher Ungleichheit.*

Die am häufigsten verwendeten Kriterien, nach denen man einen Menschen einstuft, um ihn einer Sozialschicht zuzuordnen, sind die mit öffentlichem Ansehen und Einfluß verbundene Berufsstellung, das Ausbildungsniveau, Einkommen und Besitz, die Art des Wohnens u. ä. (vgl. Caesar, B., 1972, S. 24 ff.). Da im Hinblick auf diese Kriterien in unserer Gesellschaft sehr starke Unterschiede bestehen, wird durch die Unterteilung in Sozialschichten ein hohes Maß an sozialer Ungleichheit markiert. Im folgenden interessiert zum Zwecke des Vergleichs von unterschiedlichen Erziehungsstilen nur die Grobdifferenzierung nach *Unterschicht* und *Mittelschicht* (eine neunteilige Untergliederung findet sich z. B. bei Moore, H. u. G. Kleining, 1960). Rechnet man nach dem Berufskriterium zur sozialen Unterschicht die ungelernten und angelernten Arbeiter sowie die industriellen Facharbeiter, so lassen sich etwa 45% der bundesrepublikanischen Bevölkerung dieser Gruppe zuordnen. Der Anteil der Mittelschicht, der man die Angestellten, die Beamten, die selbständigen und freien Berufe zurechnet, wird auf etwa 50% geschätzt (Neidhardt, F., 1968, S. 175). Den verbleibenden Rest der Oberschicht bilden Großunternehmer, Großgrundbesitzer, Adel, Prestigeberufe in Politik, Wirtschaft, Finanzwesen usw., eine Minderheit, die hier nicht gesondert betrachtet wird.

Sozialschichten sind gewissermaßen Subkulturen innerhalb der Gesamtgesellschaft, in denen zum Teil ganz spezifische Wertvorstellungen, Verhaltensnormen, Lebensgewohnheiten und — was im folgenden von Interesse ist — unterscheidbare Erziehungsstile zu beobachten sind (vgl. bes. Weber, E., *1972 a*).

3.5.1 Schichtenspezifische Familienerziehung

Sozialschichtenspezifische Unterschiede in der Art der Erziehung manifestieren sich vor allen Dingen im Bereich der Familienerziehung. Die Familie ist diejenige Institution, in der der Mensch — ganz allgemein gesprochen — die ersten und entscheidenden Erfahrungen über seine Umwelt und über sich selbst sammelt; diese sehr unterschiedlich ausfallenden Grunderfahrungen beeinflussen und regulieren nicht unerheblich alles spätere Lernen im weitesten Sinne. Die Familie ist somit jene Instanz, in der über den Enkulturations- und Erziehungsprozeß die schichtenspezifischen Wert- und Verhaltensmuster und im Zusammenhang mit diesen auch die vorhandenen sozialen Ungleichheiten weitgehend reproduziert werden.

Die schichtenspezifischen Unterschiede im familiären Erziehungsstil, die es im folgenden zu referieren gilt, sind empirisch abgesichert; dabei ist aber zu beachten, daß manche dieser Unterschiede erst beim statistischen Vergleich größerer Stichproben eindeutig zutage treten, daß diese Unterschiede also nicht immer gravierend sein müssen, daß fließende Übergänge zwischen den untersuchten Gruppen bestehen und daß diese auch mit individuellen Ausnahmefällen durchsetzt sein können, für die manche der folgenden generellen Feststellungen nicht zuzutreffen brauchen.

Zunächst muß auf einige allgemeinere Unterscheidungsmerkmale zwischen Unterschicht und Mittelschicht hingewiesen werden, weil von diesen Merkmalen das schichtenspezifische Erziehungsverhalten maßgeblich mitbestimmt wird. Als sehr bedeutsam erweist sich bereits das unterschiedliche Niveau der genossenen *Schulbildung*. Die meisten Mittelschichteltern besitzen Abitur oder mittlere Reife, während manche Unterschichteltern nicht einmal den Volksschulabschluß erreichen konnten. Das große Gefälle im Bestand an Kenntnissen und Fertigkeiten bewirkt, daß in der Kindererziehung Unterschiedliches in Umfang und Qualität vermittelt wird. Als sehr bedeutsam erweist sich auch der Einfluß des *beruflichen Tätigkeitsfeldes* auf die Erziehung. Verallgemeinernd kann man feststellen, daß die Berufspositionen der Unterschicht vornehmlich charakterisiert sind durch manuelle Arbeit und monoton-repetitiven Umgang mit Dingen, durch Unterordnung unter Autoritäten und Überwachtwerden, durch relativ hohe Unselbständigkeit, minimale Entscheidungsspielräume und geringe Aufstiegschancen. Berufspositionen der Mittelschicht hingegen sind eher gekennzeichnet durch nicht-manuelle Tätigkeiten, bei denen der Umgang mit Personen, das Produzieren von Ideen, sprachliche oder rechnerische Fähigkeiten im Vordergrund stehen; selbständige Entscheidungen, verantwortliches Vorausplanen und permanente Informationserweiterung werden verlangt und gefördert, wodurch sich bei entsprechender Tüchtigkeit größere Aufstiegschancen eröffnen. Diese auf die Berufssphäre bezogenen Wert- und Verhaltensmuster bleiben nicht ohne Einfluß auf die erzieherische Tätigkeit der Eltern (Rolff, H.-G., 1967, S. 24 ff.; Caesar, B., 1972, S. 27, 31; Grauer, G., 1971, S. 44 f.).
Mit Schulausbildung und Berufstätigkeit hängen zumindest teilweise auch die folgenden Besonderheiten zusammen: In verschiedenen Lebensbereichen ist bei Unterschichtmitgliedern erstens ein gewisser *Mangel an rationaler Planung und Zukunftsorientierung* feststellbar; man setzt sich weniger als in der Mittelschicht langfristige Ziele, verzichtet nur ungern auf unmittelbare Bedürfnisbefriedigung; man versucht, diejenigen angenehmen Seiten des Lebens zu nützen, die der Augenblick bereit hält. Damit eng verknüpft ist zweitens eine gewisse *Neigung*

zum gesellschaftlichen Fatalismus: im Leben kommt alles, wie es eben „vom Schicksal bestimmt" ist; man traut sich selbst nicht zu, die eigene Lebenslage zu verbessern, sondern findet sich mit ihr eher resignierend ab. Bei Mittelschichtangehörigen dominiert hingegen mehr eine aktivistische Lebenseinstellung, wonach jeder das wird, was er selbst aus sich macht. Drittens gilt *autoritäres Verhalten* in der Unterschicht als akzeptabler als in der Mittelschicht; man plädiert im politischen Bereich eher für den „starken Mann", für strengere Ordnung, man hält den Strafvollzug für zu lasch und neigt bei Konflikten leichter zu kurzen und gewaltsamen Lösungen. Schließlich kann man viertens in der Unterschicht nur ein relativ *oberflächliches Interesse an gesellschaftlichen Institutionen und Entscheidungsprozessen* feststellen; dies zeigt sich z. B. an den geringeren Mitgliedschaften in Vereinen, Verbänden und Parteien, an der geringeren Beteiligung an Wahlen verschiedenster Art, am geringeren Interesse an sachlichen Informationen über gesellschaftliche und politische Fakten durch Presse und Fernsehen. Dieser Distanziertheit gegenüber öffentlichen Belangen entspricht eine starke Bindung an kleine Primärgruppen, in deren Kreis man sich zurückzieht (Rolff, H.-G., 1967. S. 44 ff.; Neidhardt, F. 1968, S. 176).
Zunächst ist außerordentlich bedeutsam, daß diese schichtenspezifischen Besonderheiten bereits über den Prozeß der Beobachtung und Nachahmung durch Kinder und Jugendliche von den Eltern übernommen werden; ebenso wichtig aber ist die Tatsache, daß die genannten Besonderheiten auch auf die Erziehungsvorstellungen und -praktiken abfärben.
Mangelnde Zukunftsorientiertheit und ein gewisser Fatalismus der Unterschicht wirken sich vor allem auf deren *Erziehungsziele* aus. Dies zeigt sich beispielsweise an den niedrigen Ansprüchen bei der *Schulziel-* und *Berufszielsetzung.* Dabei mag die verbreitete Fehleinschätzung seiner selbst eine Rolle spielen, wonach einfache Leute und deren Kinder eben weniger begabt sein sollen; aber auch das finanzielle Risiko, die Angst vor Blamage oder der Wunsch, Kinder sollten frühzeitig wirtschaftlich unabhängig werden, können Unterschichteltern davon abhalten, höhere Schul- und Berufsziele für ihre Kinder ins Auge zu fassen. Fest steht jedenfalls, daß Eltern aus höheren Sozialschichten zum Teil bereits vor dem Schuleintritt ihrer Kinder — während der Schulzeit dann unabhängig und sogar gegen das Lehrerurteil — hohe Schulziele ins Auge fassen und versuchen, diese ihren Kindern verbindlich zu machen, während Eltern aus der Unterschicht und ihre Kinder oft auch dann noch beharrlich an reduzierten Zielvorstellungen festhalten, wenn sich bereits hervorragende Leistungen in der Grundschule gezeigt haben (Kob, J., 1963, S. 53 ff.). Das diesbezüglich geringe Anspruchsniveau wird im allgemeinen aber auch die Leistungsmotivation und die Leistung selbst beeinträchtigen.
Schichtenspezifische Unterschiede treten besonders in den *Erziehungspraktiken* hervor. Schon in der Kleinkinderziehung scheinen Mütter der Mittelschicht etwas mehr für jene „emotionale Fundierung" (vgl. S. 30) zu sorgen, die sich durch Zärtlichkeiten, häufige Zuwendung, sorgfältige Pflege, kurz, durch das

Eingehen auf kindliche Bedürfnisse erreichen läßt. Diese emotionale Fundierung stärkt das kindliche Selbstvertrauen, schafft jene Belastbarkeit, die gegenüber späteren Anforderungen und Aufgaben nötig ist. Wenn diesbezüglich Mütter der Unterschicht weniger zu leisten imstande sind, wird man als Ursache dafür wahrscheinlich weniger etwaige Nachlässigkeit und veraltete Erziehungsvorstellungen verantwortlich machen dürfen („Kinder muß man schreien lassen"), sondern auch die Überforderung (z. B. Berufstätigkeit der Mutter, Kinderzahl) in Rechnung stellen müssen.

Um Kinder zu dem zu bringen, was sie sollen, bzw. um sie von dem abzubringen, was sie nicht sollen, neigen Mittelschichteltern eher zu differenzierten, überlegten und nichtautoritären Maßnahmen, während bei Unterschichteltern stereotype, spontan-emotionale und autoritäre Praktiken häufiger beobachtbar sind. Da in der Mittelschicht — wie bereits angedeutet wurde — anspruchsvollere Erziehungsziele gesetzt sind, müssen auch mehr fördernde und unterstützende Maßnahmen getroffen werden. Das bedeutet im einzelnen, daß man eher geneigt ist, kindlichen Fragen Rede und Antwort zu stehen, daß man bewußter versucht, sachliche Informationen, Anleitungen, Ratschläge, vernünftige Argumentationen und Begründungen in den Vordergrund zu stellen, aber auch, daß man Fortschritte des Kindes aufmerksamer verfolgt, häufiger anerkennt, lobt und belohnt. Dadurch wird das Selbstvertrauen des Kindes gestärkt und sein Anspruchsniveau sowie seine Leistungsfähigkeit in vieler Hinsicht erhöht.

Da Verantwortung und Selbständigkeit als wichtig angesehen werden, gewährt man auch bewußter und planvoller Spielräume für selbständige Entscheidungen des Kindes. Bei kindlichem Fehlverhalten reagieren Mittelschichteltern eher mit Ermahnungen, Hinweisen auf die negativen Folgen des Fehlverhaltens, mit Appellen an das Gewissen; sie bringen ihre kurzzeitige Enttäuschung, den Entzug von Liebe und Anerkennung zum Ausdruck, greifen seltener zu harten Strafen und neigen eher dazu, diese zu begründen und Einsicht in die Berechtigung von Strafen herzustellen. In der Anwendung solcher gegenwirkender Maßnahmen scheint man auch konsequenter zu sein als in der Unterschicht, was nicht bedeutet, daß gegenwirkende Praktiken insgesamt gesehen häufiger zum Einsatz kommen, sondern daß ihr Einsatz weniger von der augenblicklichen Laune der Eltern abhängt. Außerdem scheinen sich Mittelschichteltern beim Einschreiten gegen Fehlverhalten mehr an den kindlichen Absichten zu orientieren und weniger an den tatsächlich eingetretenen Folgen und angerichteten Schäden des Fehlverhaltens.

Demgegenüber wird in Unterschichtfamilien weniger informiert, beraten und argumentiert; die Chancen, welche die kindliche Wißbegierde bietet, werden eher verspielt als genützt („Frag nicht so viel!" — „Das verstehst du sowieso nicht!"). Fortschritte jeglicher Art werden seltener beachtet und honoriert, Leistungsbereitschaft, Verantwortung und Selbständigkeit weniger gefördert („Das kannst du noch nicht!"). Die Verhaltenssteuerung ist autoritärer. Kurze Kommandos, unbegründete Anweisungen sind häufiger („Was ich sage, wird gemacht!"). Unbedingter Gehorsam ist erwünscht. Kindlichem Fehlverhalten gegenüber verhält man sich strenger und repressiver, vor allem aber inkonsequenter und launischer als in der Mittelschicht. Die Unberechenbarkeit des Erzieherverhaltens verunsichert das Kind, sein Selbstvertrauen bleibt unterentwickelt. Körperstrafen werden bedenkenloser angewendet, aber auch rüde Beschimpfungen, Verwünschungen, Spott, Ironie und andere Formen der Erniedrigung zeugen häufiger als in der Mittelschicht von Machtmißbrauch und einem falschen Verständnis elterlicher Autorität. Kindliches Fehlverhalten wird vor allem dann bestraft, wenn es sichtbare Folgen hat (wenn z. B. der Eßteller in Brüche geht), relativ unabhängig davon, ob dahinter Absicht oder Versehen stand (vgl. Rolff, H.-G., 1967, S. 31 ff.; Neidhardt, F., 1968, S. 180 ff.; Grauer, G., 1971, S. 41 ff.; Caesar, B., 1972, S. 50 ff.).

Das in der Unterschicht konstatierte Defizit an öffentlichen Kontakten, die vergleichsweise geringere Beteiligung an den Möglichkeiten aktiver Interessenvertretung wirkt sich in der Erziehung u. a. dadurch aus, daß Unterschichteltern den *Informationsaustausch mit der Schule* und den Lehrern ihrer Kinder eher *meiden* als pflegen; ihre Teilnahme an Elternversammlungen ist geringer und auch anderweitige Versuche zur Kontaktaufnahme mit Lehrern sind seltener. Dies hat einerseits zur Folge, daß diese Eltern über spezielle Leistungsanforderungen der Schule uninformiert bleiben, daß ihnen keine individuellen Erziehungsratschläge gegeben werden können, andererseits aber auch, daß dem Lehrer seinerseits viele Leistungsschwächen und Verhaltensauffälligkeiten unerklärlich bleiben, weil er über die Lebensgeschichte und die häuslichen Verhältnisse der betreffenden Schüler nur wenig in Erfahrung bringen kann. Außerdem kann angenommen werden, daß Lehrer bei solchen Schülern mehr Aufmerksamkeit und Mühe investieren, mit deren Eltern sie in einem engen Erfahrungsaustausch stehen als bei solchen, wo dies nicht der Fall ist.

3.5.2 Exkurs: Die Bedeutung schichtenspezifischer Sprachstile

Daß sich Erziehung größtenteils der Sprache bedienen muß und daß sich unterschiedliches erziehungsmethodisches Vorgehen in der Struktur der Sprache niederschlagen kann, ist offenkundig. So läßt sich z. B. unschwer feststellen, daß in der Sprache des autoritären Erziehers komplexe Begründungssätze relativ selten sind und einfache Befehlssätze häufig oder daß diese Sprache mehr persönliche Fürwörter enthält („*ich* will, daß *du* . . .!") und weniger unpersönliche Fürwörter („*es* ist unfair, wenn *man* . . .!").

Unabhängig vom erziehungsmethodischen Vorgehen läßt sich aber beobachten, daß auch ganz *generell beträchtliche Unterschiede zwischen dem Sprachgebrauch der Unterschicht und dem der Mittelschicht* bestehen. Ein Exkurs auf schichtenspezifische Sprachformen erscheint angebracht, weil diese für das Kind, das ja die Sprache seiner Umwelt übernimmt, einen Gewinn bzw. einen Verlust an sozialen und kognitiven Fähigkeiten mit sich bringen, der für den späteren Erfolg in Schule und Beruf von entscheidender Wichtigkeit ist (Bernstein, B., 1972). Die Bedeutung der Sprache für den unterschiedlichen Enkulturationsfortschritt ist erheblich. Die Welt und das eigene Ich erschließen sich in bestimmter Weise mit dem Erlernen von Wörtern und Sätzen einer bestimmten Sprache. Viele Sachverhalte, Zusammenhänge und Bewertungen werden durch Sprache gelernt und durch Sprache anderen mitteilbar gemacht. Auch den eigenen Gefühlszuständen kann durch die Sprache Ausdruck verliehen werden. Bei all dem spielt der Reichtum und die Differenziertheit des Wortschatzes eine maßgebliche Rolle; aber auch und besonders der Grammatik eines Sprachstils kommt große Bedeutung zu; in ihr sind spezifische Wege oder Formen des Denkens vorstrukturiert, in die sich derjenige einübt, der den jeweiligen Sprachstil hört und gebraucht. Insgesamt gesehen hängen Sprachniveau und Intelligenz eng zusammen. Der englische Soziolinguist Basil Bernstein hat den von der Mittelschicht gepflegten Sprachstil *„formal“* bzw. *„elaboriert“* (ausgearbeitet) und den der Unterschicht *„öffentlich“* bzw. *„restringiert“* (eingeschränkt) genannt (Bernstein, B., 1959 und 1972). Auf das komplexe theoretische Konzept Bernsteins und dessen Modifizierung in den letzten Jahren sowie auf die kritische Diskussion, die dieses Konzept ausgelöst hat, kann an dieser Stelle nur verwiesen werden (vgl. Bernstein, B., 1972; Lawton, D., 1970; Bühler, H., 1971).

Die wichtigsten Unterschiede im sozialschichtenspezifischen Spracherwerb und -gebrauch sind folgende:

1. Schon im vorsprachlichen Stadium läßt sich feststellen, daß Unterschichtkinder weniger sprachlich angeregt werden und deshalb auch weniger und undifferenziertere Laute produzieren als Mittelschichtkinder.
2. Der Wortschatz der Mittelschicht ist nicht nur umfangreicher, sondern auch differenzierter und origineller. Dies gilt besonders für Adverbien, Adjektive und Verben, weniger für Substantive. Darüber hinaus enthält die „formale“ Sprache auch abstraktere Begriffe.
3. Individuelle Absichten werden in der Unterschicht sehr häufig nicht-sprachlich ausgedrückt, vor allem durch Mimik und Gestik, oder durch sehr kurze Befehle und Fragen.
4. Die Grammatik der „öffentlichen“ Sprache der Unterschicht ist einfach und dürftig; die Sätze sind kurz, zuweilen unfertig, meistens in der Aktivform stehend und durch häufig wiederkehrende Konjunktionen einfacher Art (und, dann) miteinander verbunden. Die Sätze der „formalen“ Sprache der Mittelsschicht sind komplexer und anspruchsvoller; es werden häufiger verschiedene Präpositionen und Adverbien verwendet, mehr Nebensätze gebildet, von vielfältigen und präzisierenden Konjunktionen wird Gebrauch gemacht, Kausal-, Konditional-, Final- und Konzessivsätze sind häufiger.
5. Der häufigen Verwendung von persönlichen Pronomen in der Unterschicht steht die häufigere Verwendung von unpersönlichen Pronomen (man, es) in der Mittelschicht gegenüber.
6. Einfache kategorische Feststellungen stehen in der Unterschicht häufig anstelle von Begründungen und Schlußfolgerungen („Du gehst mir nicht aus dem Haus!“).
7. Persönliche Gefühle werden in der Mittelschicht eher durch individuelle Formulie-

rungen ausgedrückt, in der Unterschicht verwendet man häufiger stereotype Redensarten (vgl. Bernstein, B., 1959, S. 66 ff.; Oevermann, U., *1969*, S. 309 ff.; Roeder, P.-M., 1971).

Vor dem Mißverständnis einer generellen Abwertung des öffentlichen Sprachstils ist allerdings zu warnen, weil er sich in vielen Situationen alltäglicher Verständigung und auch im Bereich manueller Berufe als sinnvoll erweist. Der formale Sprachgebrauch wäre z. B. an einer Baustelle umständlich und störend; in höheren Berufen wie im schulischen Bereich hingegen kann auf ihn nicht verzichtet werden. Schon bei Schulanfängern zeigt sich dann, daß die mangelnde Beherrschung der „formalen" Sprache nicht nur unmittelbare Verständnis- und Ausdrucksschwierigkeiten mit sich bringt, sondern auch, daß das Sprachmilieu der Unterschicht für eine erhebliche kognitive Rückständigkeit verantwortlich sein kann, die sich nur schwer oder gar nicht aufholen läßt.

3.5.3 Auswirkungen auf den Schulerfolg

Gleiche Bildungschancen sind in unserer Gesellschaft insofern gegeben, als der Besuch höherer Schulen nicht mehr unmittelbar von bestimmten Standes- und Einkommensprivilegien abhängig gemacht wird, sondern von der Leistung des Schülers. Die Verwirklichung des demokratischen Grundrechts auf gleiche Bildung stößt jedoch auf große Schwierigkeiten, weil bereits in den ersten sechs Lebensjahren vor dem Schuleintritt, aber auch noch danach, das geistige Startkapital in sehr ungleicher Weise verteilt wird. Die Wert- und Verhaltensmuster, der Erziehungsstil und der Sprachstil ihrer Umwelt benachteiligen die meisten Unterschichtkinder von vornherein im Hinblick auf ihre schulischen Erfolgschancen.

Schon der niedrige Anspruch in der Schulzielsetzung der Unterschichteltern, der sich auf die Kinder überträgt, setzt wahrscheinlich die Motivation für schulische Leistungen herab; das niedrigere Selbstvertrauen, die geringere Selbständigkeit, das auf Kosten der Ausdauer gehende Unvermögen, auf momentane Bedürfnisbefriedigung zu verzichten, wirken sich ebenfalls hemmend auf das schulische Leistungsvermögen aus.

Die einfache Tatsache, daß Mittelschichtkinder bereits mit für den Unterricht nützlichen Kenntnissen über Dinge und Zusammenhänge in die Schule kommen, stärkt nicht nur deren Selbstbewußtsein, sondern erleichtert auch das weitere Fortschreiten im Lernen; außerdem wird sich kaum vermeiden lassen, daß sie durch die genannte Tatsache im Ansehen und in der Wertschätzung mancher Lehrer von vornherein höher eingestuft werden als Unterschichtkinder, die im Sinne der Schule geistig weniger gut ausgerüstet wurden, denen auch später während der Schulzeit von seiten der Eltern selten und wenig kompetente Unterstützung (z. B. beim Anfertigen der Hausaufgaben) zuteil wird.

Als besonders hemmend für den Schulerfolg von Unterschichtkindern müssen die Sprachbarrieren angesehen werden. Daß all das, was im „formalen" Sprachstil des Lehrers im Unterricht vermittelt wird, nicht immer mit der erforderlichen Genauigkeit aufgefaßt werden kann, ist anzunehmen; als folgenschwerer aber erweist sich die Tatsache, daß die Qualifikation in den meisten Schulfächern (nicht nur im Fach Deutsch) von den sprachlichen Eigenleistungen des Schülers im mündlichen und schriftlichen Ausdruck abhängt; die Unfähigkeit, sich richtig und präzise auszudrücken, die Unlust, sich überhaupt zu äußern in einer Sprache, die vom Lehrer stets korrigiert oder kritisiert wird, das auf Kosten der Zeit gehende Ringen um Formulierungen in Aufsätzen und Probearbeiten, all das wirft den Schüler leistungsmäßig zurück. Ebenso schwer wiegt aber auch eine sprachlich bedingte kognitive Verarmung genereller Art. Ohne eine adäquate Sprache verbleibt das Denken in relativ einfachen und undifferenzierten Bahnen; komplexe und abstrakte Zusammenhänge können gedanklich schwerer erfaßt werden.

Insgesamt gesehen wird somit verständlich, daß bereits in der Grundschule schichtenspezifische Leistungsunterschiede in Erscheinung treten (vgl. Kemmler, L., 1967, S. 70 ff., S. 171 f.), daß nur relativ wenige Kinder der Unterschicht für den Besuch höherer Schulen als geeignet angesehen werden, daß Arbeiterkinder an Gymnasien nur mit einem Anteil von etwa 12% vertreten sind (Peisert, H., 1967, S. 66), daß wiederum hauptsächlich diese Gruppe vom Ausleseprozeß betroffen ist und vorzeitig das Gymnasium verlassen muß (Rolff, H.-G., 1967, S. 100; Hübner, H. u. Ch. Rauh, 1970, S. 2071), so daß sich schließlich der Anteil der an deutschen Universitäten studierenden und aus der Arbeiterschicht stammenden Studenten auf etwa 6% reduziert (Peisert, H., 1967, S. 67). Besonders aufschlußreich ist in diesem Zusammenhang auch die in zahlreichen Untersuchungen belegte Tatsache, daß Sitzenbleiben bzw. nicht ausreichende Noten zu einem überwiegenden Anteil auf das Versagen in den sprachlichen Fächern (Deutsch und Fremdsprachen) zurückzuführen sind (vgl. die Übersicht bei Undeutsch, U., 1969, S. 393 ff.).

Die dargestellten schichtenspezifischen Unterschiede im Erziehungs- und Sprachstil und ihre Auswirkungen auf die Bildungschancen manifestieren sich als statistisch feststellbare Trends, die für den individuellen Fall einen mehr oder minder hohen Wahrscheinlichkeitsgrad besitzen. Darüber hinaus kennzeichnen die getroffenen Aussagen nur gegenwärtige Verhältnisse. Ihr Wandel erscheint derzeit nicht nur wünschenswert, sondern auch möglich. Was z. B. autoritäres Erzieherverhalten betrifft, so ist dieses in Amerika bei den Eltern der Mittelschicht erst in den letzten Jahrzehnten zugunsten toleranterer und verständnisvollerer Methoden zurückgegangen (Bronfenbrenner, U., 1965, S. 321), was auch für deutsche Verhältnisse zu erwarten ist. Allgemeinen Demokratisierungstendenzen und erziehungspsychologischen Aufklärungsbemühungen mag dieser partielle Wandel zu verdanken sein. Viele widrige Enkulturations- und Erziehungsbedingungen in Unterschichtfamilien werden sich jedoch durch gezielte Aufklärung nicht spürbar reduzieren lassen. Geringe Schulbildung, Berufstätigkeit der Mutter oder die besonderen Tätigkeitsmerkmale unterschichtspezifischer Berufspositionen sind Tatsachen, die den Lebensstil und den Erziehungsstil entscheidend beeinflussen; Einsicht und guter Wille allein können hier keine grundlegende Verbesserung bringen. Die Möglichkeiten für eine bessere Realisierung des Grundrechts auf gleiche Bildungschancen liegen vor allem auf *gesellschaftspolitischem Gebiet* und in der *Reform der Erziehungsinstitutionen* (vgl. Bd. III). Vor allem müssen erhöhte Anstrengungen für einen breiten Ausbau von Einrichtungen der Vorschulerziehung unternommen werden, in denen die sog. *kompensatorische Erziehung* einen angemessenen Platz erhält, eine Erziehung, die unterschichtspezifische Enkulturation und Erziehung nicht einfach ersetzen und damit aufheben soll, sondern die deren folgenschwere Mängel auszugleichen versucht (vgl. Iben, G. u. a., 1971; Sprey, Th., 1972).

Literatur

Adorno, Th. W., B. Bettelheim, E. Frenkel-Brunswik, N. Gutermann, M. Janowitz, D. Levinson, R. N. Sanford: Der Autoritäre Charakter. Bd. 1 und 2. Studien über Autorität und Vorurteil. Schwarze Reihe Nr. 6 u. 7. Amsterdam 1968

Aebli, H.: Grundformen des Lehrens. Ein Beitrag zur psychologischen Grundlegung der Unterrichtsmethode. Stuttgart 1961

Aichhorn, A.: Verwahrloste Jugend. Bern/Stuttgart 4. Aufl. 1957 (1925)

Albert, H.: Theorie und Prognose in den Sozialwissenschaften. In: Topitsch, E. (Hrsg.): Logik der Sozialwissenschaften. Köln/Berlin 1965

Allen, K. E., u. a.: Effects of social reinforcement on isolate behavior of a nursery school child. In: Child Development. 1964, Vol. 35, S. 511—518

Allen, K. E., u. a.: Controll of hyperactivity by social reinforcement of attending behavior. In: Journal of Educational Psychology. 1967, Vol. 58, S. 231—237

Amendt, G. (Hrsg.): Kinderkreuzzug oder Beginnt die Revolution in den Schulen? Reinbek bei Hamburg 1968 (Tb.)

Anderson, H. H., J. E. Brewer, M. F. Reed: Studies of teacher's classroom personalities. III. Follow-up studies on the effects of dominative and integrative contacts on children's behavior. Applied Psychol. Monographs. 1946, 11, S. 3—156

Auernheimer, G. u. M. Doehlemann: Mitbestimmung in der Schule. München 1971

Ausubel, D. P.: Das Jugendalter. Fakten, Probleme, Theorie. München 1968

Bandura, W., R. H. Walters: Social learning and personality development. New York 1963

Bandura, A., J. E. Grusec, F. L. Menlove: Vicarious extinction of avoidance behaviour. In: Journal of Personality and social Psychology. 1967, S. 16—23

Becker, W. C., Ch. H. Madsen, C. R. Arnold and D. R. Thomas: The contingent use of teacher attention and praise in reducing classroom behavior problems. In: The Journal of Special Education. 1967, Vol. 1, S. 287—307

Belschner, W.: Das Lernen aggressiven Verhaltens. In: Selg, H. (Hrsg.), 1971, S. 53—90

Bernsdorf, W. (Hrsg.): Wörterbuch der Soziologie. 3 Bände. Frankfurt/M. 1972 (Tb.)

Bernstein, B.: Sozio-kulturelle Determinanten des Lernens. Mit besonderer Berücksichtigung der Sprache. In: Heintz, P. (Hrsg.) 1959

Bernstein, B.: Studien zur sprachlichen Sozialisation. Düsseldorf 1972

Blättner, F.: Geschichte der Pädagogik. Heidelberg 8. Aufl. 1961

Blankertz, H.: Theorien und Modelle der Didaktik. Grundfragen der Erziehungswissenschaft. Bd. 6. München 1969

Bochenski, I. M.: Die zeitgenössischen Denkmethoden. Bern/München 3. Aufl. 1965 (Tb.)

Bott, G. (Hrsg.): Erziehung zum Ungehorsam. Kinderläden berichten aus der Praxis der antiautoritären Erziehung. Frankfurt/M. 3. Aufl. 1971 (Tb.)

Breiteneicher, H. J. u. a.: Kinderläden. Revolution der Erziehung oder Erziehung zur Revolution? Reinbek bei Hamburg 1971 (Tb.)

Brezinka, W.: Von der Pädagogik zur Erziehungswissenschaft. Eine Einführung in die Metatheorie der Erziehung. Weinheim/Berlin/Basel 1971

Bronfenbrenner, U.: Wandel der amerikanischen Kindererziehung. In: Friedeburg, L. v. (Hrsg.): Jugend in der modernen Gesellschaft. Neue Wissenschaftliche Bibliothek 5. Köln/Berlin 1965

Bühler, H.: Die Sprachbarrierentheorie von Basil Bernstein. Zum Forschungsstand der Soziolinguistik. In: Zeitschrift für Pädagogik. 1971, S. 471 ff.

Caesar, B.: Autorität in der Familie. Ein Beitrag zum Problem schichtenspezifischer Sozialisation. Reinbek bei Hamburg 1972 (Tb.)

Claessens, D.: Familie und Wertsystem. Eine Studie zur „zweiten, sozio-kulturellen Geburt" des Menschen. Soziologische Abhandlungen. Heft 4. Berlin 1962

Clarizio, H. F.: Toward positive classroom discipline. New York/London/Sydney/Toronto 1971

Correll, W.: Lernpsychologie. Grundfragen und pädagogische Konsequenzen. Donauwörth 3. Aufl. 1964

Dietrich, G.: Bildungswirkungen des Gruppenunterrichts. Persönlichkeitsformende Bedeutung des gruppenunterrichtlichen Verfahrens. München 1969

Dietrich, Th. (Hrsg.): Die pädagogische Bewegung „Vom Kinde aus“. Bad Heilbrunn/Obb. 1963

Döring, K. W.: Lehr- und Lernmittel. Zur Geschichte und Theorie unter besonderer Berücksichtigung der Arbeitsmittel. Weinheim/Berlin/Basel 1969

Döring, K. W. (Hrsg.): Unterricht mit Lehr- und Lernmitteln. Weinheim/Berlin/Basel 1971

Dolch, J.: Grundbegriffe der pädagogischen Fachsprache. München 7. Aufl. 1969

Dollard, J., L. W. Doob, N. E. Miller, O. H. Mowrer, S. Sears: Frustration und Aggression. Deutsche Bearbeitung von W. Dammschneider u. E. Mader. Weinheim/Berlin/Basel 1970

Dreikurs, R.: Psychologie im Klassenzimmer. Stuttgart 1967

Enzensberger, H. M. (Hrsg.): Kursbuch 17; Frau, Familie, Gesellschaft. Frankfurt/M. 1969

Familienerziehung, Sozialschicht und Schulerfolg. Hrsg. von der b : e-Redaktion. Weinheim/Berlin/Basel 1971

Flitner, W.: Theorie des pädagogischen Weges. Weinheim 7. Aufl. 1965

Flitner, W.: Allgemeine Pädagogik. Stuttgart 10. Aufl. 1965

Flügge, J.: Die Lernzielproblematik. In: Pädagogischer Fortschritt. Hrsg. v. J. Flügge. Bad Heilbrunn/Obb. 1972

Fokken, E.: Die Leistungsmotivation nach Erfolg und Mißerfolg in der Schule. Hannover/Berlin/Darmstadt/Dortmund 1966

Gamm, H. J.: Kritische Schule. Eine Streitschrift für die Emanzipation von Lehrern und Schülern. München 1970

Geißler, E. E.: Erziehungsmittel. Bad Heilbrunn/Obb. 1967

Geißler, E. E. (Hrsg.): Autorität und Freiheit. Bad Heilbrunn/Obb. 3. neubearb. u. erw. Aufl. 1970

Geißler, G. (Bearbeiter): Das Problem der Methode in der Schule. Kleine Pädagogische Texte. Heft 18. Langensalza/Berlin/Leipzig o. J. (1931), wieder aufgelegt als: Das Problem der Unterrichtsmethode in der Pädagogischen Bewegung. Kleine Pädagogische Texte, Bd. 18, Weinheim/Berlin/Basel, 8. Aufl. 1970

Giesecke, H.: Einführung in die Pädagogik. München 1969

Grauer, G.: Leitbilder und Erziehungspraktiken. In: Familienerziehung. Sozialschicht und Schulerfolg, 1971

Harris, F. R. u. a.: Effects of positive social reinforcement on regressed crawling of a nursery school child. In: Journal of Educational Psychology. 1964, 55, S. 35—41

Hävernick, W.: „Schläge“ als Strafe. Ein Bestandteil der heutigen Familiensitte in volkskundlicher Sicht. Hamburg 1964

Heimann, P.: Didaktik als Theorie und Lehre. In: Die Deutsche Schule. 1962, S. 407—427

Heintz, P. (Hrsg.): Soziologie der Schule. Sonderheft 4 der Kölner Zeitschrift für Soziologie und Sozialpsychologie. Köln/Opladen 1959

Herrmann, Th. (Hrsg.): Psychologie der Erziehungsstile. Braunschweiger Symposion über Erziehungsstile. Göttingen 1966

Hilgard, E. R. u. G. H. Bower: Theorien des Lernens I und II. Stuttgart 1971

Höhn, E.: Der schlechte Schüler. Sozialpsychologische Untersuchungen über das Bild des Schulversagers. München 1967

Hübner, H. u. Ch. Rauh: Soziale Faktoren des Unterrichtsprozesses. In: Handbuch der Unterrichtsforschung. Hrsg. v. K. Ingenkamp u. E. Parey. Teil II, Weinheim/Berlin/Basel 1970

Iben, G. u. a.: Kompensatorische Erziehung. Analyse amerikanischer Programme. München 1971

Jahn, J.: Wörterbuch der Kunst. Kröners Taschenausgabe Band 165. Stuttgart 6. erw. Aufl. 1962

Kaiser, H.-J.: Erkenntnistheoretische Grundlagen pädagogischer Methodenbegriffe. In: Menck P. u. G. Thoma (Hrsg.), 1972

Kemmler, L.: Erziehungshaltungen von Müttern vierzehnjähriger Jungen. In: Psychologische Rundschau. 1960, S. 197—218

Kemmler, L.: Erfolg und Versagen in der Grundschule. Empirische Untersuchungen. Göttingen 1967

Kerstiens, L.: Medienkunde in der Schule. Bad Heilbrunn/Obb. 2. veränd. Aufl. 1971

Key, E.: Das Jahrhundert des Kindes. Berlin 31.—33. Tausend 1921

Klafki, W.: Studien zur Bildungstheorie und Didaktik. Weinheim 1963

Klafki, W. u. a.: Erziehungswissenschaft. 3 Bände. Funk-Kolleg. Frankfurt/Weinheim 1970 u. 1971 (Tb.)

Klafki, W.: Methode, Methodik. In: Neues Pädagogisches Lexikon. Hrsg. v. Groothoff, H.-H. u. M. Stallmann, 5. vollst. neu bearb. Aufl. Stuttgart/Berlin 1971

Kob, J.: Erziehung in Elternhaus und Schule. Stuttgart 1963

Konopka, G.: Soziale Gruppenarbeit: ein helfender Prozeß. Weinheim/Berlin/Basel 1968

Kuckartz, W.: Zum Problem der anti-autoritären Erziehung. In: Die Deutsche Schule. 1970, S. 634—653

Kümmel, F.: Die Einsicht in das Gute als Aufgabe einer sittlichen Erziehung. neue pädagogische bemühungen. Hrsg. v. W. Loch u. J. Muth. Bd. 37. Essen 1968

Lawton, D.: Soziale Klasse, Sprache und Erziehung. Düsseldorf 1970

Lefkowitz, M. M., R. R. Blake, J. S. Mouton: Status factors in pedestrian violation of traffic signals. In: Journal of abnormal and social Psychology. 1955, S. 704—706

Lewin, K., R. Lippit, R. K. White: Patterns of aggressive behavior in experimentally created „social climates". In: Journal of Social Psychology. 1939, S. 271—299

Lewin, K., T. Dembo, L. Festinger, P. S. Sears: Level of aspiration. In: Hunt, J. (ed.): Personality and the behavior disorders. New York 1944

Lichtenstein-Rother, I. (Hrsg.): Schulleistung und Leistungsschule. Bad Heilbrunn/Obb. 1971

Lorenz, K.: Das sogenannte Böse. Zur Naturgeschichte der Aggression. Wien 25. Aufl. 1970

Madsen, Ch. H., u. a.: An analysis of the reinforcing function of "Sit-Down" Commands. In: Parker, R. K. (ed.): Readings in Educational Psychology. Boston 1969

Menck, P. u. G. Thoma (Hrsg.): Unterrichtsmethode. Intuition, Reflexion, Organisation. München 1972

Menne, A.: Einführung in die Logik. Bern/München 1966 (Tb.)

Metzger, W.: Psychologie in der Erziehung. Kamps pädagogische Taschenbücher. Bd. 51. Bochum 1971 (Tb.)

Meyer, E.: Gruppenunterricht. Grundlegung und Beispiel. Worms 4. neubearb. u. erw. Auflage 1964

Meyer, E. (Hrsg.): Die Gruppe im Lehr- und Lernprozeß. Frankfurt/M. 1970

Mollenhauer, K.: Sozialpädagogische Einrichtungen. In: Groothoff, H. H. (Hrsg.): Pädagogik. Das Fischer-Lexikon. Frankfurt/Hamburg 1964 (Tb.)

Mollenhauer, K.: Erziehung und Emanzipation. Polemische Skizzen. München 1968

Mollenhauer, K.: Jugendhilfe. Soziologische Materialien. In der Reihe: Gesellschaft und Erziehung. Hrsg. v. C.-L. Furck, D. Goldschmidt u. J. Röbbelen. Teil V. Heidelberg 1968

Moore, H. u. G. Kleining: Das soziale Selbstbild der Gesellschaftsschichten in Deutschland. In: Kölner Zeitschrift für Soziologie und Sozialpsychologie. Köln/Opladen 1960, S. 86—118

Neidhardt, F.: Schichtspezifische Elterneinflüsse im Sozialisationsprozeß. In: Wurzbacher, G. (Hrsg.), 1968

Neill, A. S.: Theorie und Praxis der antiautoritären Erziehung. Das Beispiel Summerhill. Reinbek bei Hamburg 1969 (Tb.)

Neill, A. S.: Das Prinzip Summerhill: Fragen und Antworten. Argumente, Erfahrungen, Ratschläge. Reinbek bei Hamburg 1971 (Tb.)

Nickel, H.: Stile und Dimensionen des Lehrerverhaltens in der sozialen Interaktion mit Schülern und ihre Bedeutung für Erziehung und Unterricht. In: Betzen, K. u. K. E. Nipkow (Hrsg.): Der Lehrer in Schule und Gesellschaft. München 1971

Nickel, H.: Probleme und Schwierigkeiten der Verwirklichung eines nichtautoritären Lehrerverhaltens. In: Nickel, H. u. E. Langhorst (Hrsg.): Brennpunkte der pädagogischen Psychologie. Stuttgart/Bern 1973

Oerter, R.: Moderne Entwicklungspsychologie. Donauwörth 6. Aufl. 1970

Oerter, R.: Psychologie des Denkens. Donauwörth 1971

Oevermann, U.: Schichtenspezifische Formen des Sprachverhaltens und ihr Einfluß auf die kognitiven Prozesse. In: Roth, H. (Hrsg.), 1969

Oswald, A. u. S. Raue: Aggressionsforschung bei Vorschulkindern. Theorien und empirische Ergebnisse. Münsterische Beiträge zu pädagogischen Zeitfragen. Heft 24. Münster 1971 (nicht im Buchhandel)

Peisert, H.: Soziale Lage und Bildungschancen. München 1967

Portele, G.: Lernen und Sozialisation. In: Ronneberger, F. (Hrsg.): Sozialisation durch Kommunikation. Der Mensch als soziales und personales Wesen. Bd. IV. Stuttgart 1971

Reble, A. (Hrsg.): Das Strafproblem in Beispielen. Bad Heilbrunn/Obb. 2., erw. Aufl. 1968

Roeder, P.-M.: Sprache, Sozialstatus und

Schulerfolg. In: Familienerziehung, Sozialschicht und Schulerfolg, 1971
Rolff, H.-G.: Sozialisation und Auslese durch die Schule. Heidelberg 1967
Roth, H.: Zum pädagogischen Problem der Methode. In: Die Sammlung. 1949, S. 102 ff., wieder abgedruckt unter dem Titel: Die „originale Begegnung“ als methodisches Prinzip. In: Pädagogische Psychologie des Lehrens und Lernens. Hannover 8. Aufl. 1965
Roth, H.: Pädagogische Psychologie des Lehrens und Lernens. Hannover 8. Aufl. 1965
Roth, H. (Hrsg.): Begabung und Lernen. Ergebnisse und Folgerungen neuer Forschungen. Deutscher Bildungsrat. Gutachten und Studien der Bildungskommission. Band 4. Stuttgart 1969
Roth, H.: Pädagogische Anthropologie. Band II: Entwicklung und Erziehung. Grundlagen einer Entwicklungspädagogik. Berlin/Darmstadt/Dortmund 1971
Rousseau, J. J.: Emile oder Über die Erziehung. Hrsg.: M. Rang. Stuttgart 1963

Scheibe, W.: Die Strafe als Problem der Erziehung. Weinheim 1967
Scheibe, W.: Die reformpädagogische Bewegung 1900—1932. Eine einführende Darstellung. Weinheim/Berlin/Basel 1969
Schleiermacher, F. E. D.: Ausgewählte Schriften, besorgt von E. Lichtenstein. Paderborn 1959
Schmid, J. R.: Antiautoritäre, autoritäre oder autoritative Erziehung? Bern/Stuttgart 1971
Schulz, W.: Unterricht — Analyse und Planung. In: Heimann, P., G. Otto u. W. Schulz: Unterricht. Analyse und Planung. Auswahl Reihe B. Hannover 1965 (Tb.)
Seifert, M.: Zur Theorie der antiautoritären Kindergärten. In: Geißler, E.E. (Hrsg.), 1970
Selg, H. (Hrsg.): Zur Aggression verdammt? Stuttgart/Berlin/Köln/Mainz 1971
Sixtl, F. u. W. Korte: Der Lerntheoretische Ansatz in der Sozialpsychologie. In: Handbuch der Psychologie. Bd. 7, 1. Halbband. Göttingen 1969
Skowronek, H.: Lernen und Lernfähigkeit. München 1969
Smith, L. M., Hudgins B. B.: Pädagogische Psychologie I, Stuttgart 1971
Spaemann, R.: Autonomie, Mündigkeit, Emanzipation. Zur Ideologisierung von Rechtsbegriffen. In: Oppolzer, S. (Hrsg.): Erziehungswissenschaft 1971, zwischen Herkunft und Zukunft. Wuppertal/Ratingen 1971
Spranger, E.: Grundstile der Erziehung. In: Pädagogische Perspektiven. Heidelberg 1950
Spranger, E.: Das Gesetz der ungewollten Nebenwirkungen in der Erziehung. Heidelberg 1962
Sprey, Th.: Zum Problem der kompensatorischen Erziehung. In: Die Deutsche Schule, 1972, S. 2 ff. und S. 149 ff.
Stöcker, K.: Neuzeitliche Unterrichtsgestaltung. München 7. Aufl. 1960
Strzelewicz, W.: Der Autoritätswandel in Gesellschaft und Erziehung. In: Die Deutsche Schule. 1961, S. 154—167; abgedruckt in: Röhrs, H. (Hrsg.): Die Disziplin in ihrem Verhältnis zu Lohn und Strafe. Frankfurt/M. 1968
Summerhill: Pro und Contra. 15 Ansichten zu A. S. Neills Theorie und Praxis. Reinbek bei Hamburg 1971 (Tb.)

Tausch, A.: Empirische Untersuchungen über das Verhalten von Lehrern gegenüber Kindern in erziehungsschwierigen Situationen. In: Zeitschrift für experim. u. angew. Psychologic. 1958 a, S. 127—163
Tausch, A.: Besondere Erziehungssituationen des praktischen Schulunterrichts. Häufigkeit, Veranlassung und Art ihrer Lösungen durch Lehrer; eine empirische Untersuchung. In: Zeitschrift für experim. u. angew. Psychologie. 1958 b, S. 657—686
Tausch, A.: Die Auswirkung der Art sprachlicher Verbote erziehender Erwachsener auf das Verhalten von Schulkindern. In: Zeitschrift für Psychologic. 1960, S. 215—254
Tausch, A.: Verschiedene nicht-autokratische Verhaltensformen in ihrer Auswirkung auf Kinder in Konfliktsituationen. In: Zeitschrift für experim. u. angew. Psychologie. 1962, S. 339—351
Tausch, A.; R. Tausch, B. Fittkau: Merkmalszusammenhänge der verbalen Interaktion und kritische Überprüfung typologischer Verhaltenskonzepte. In: Zeitschrift für experim. u. angew. Psychologie. 1967, S. 522—541
Tausch, R.: Das Ausmaß der Lenkung von Schulkindern im Unterricht — eine empirische Untersuchung der Fragen, Befehle und Aufforderungen von Lehrern. In: Psychologische Beiträge. 1960, S. 127—145
Tausch, R.: Merkmalsbeziehungen und psychologische Vorgänge in der Sprachkommunikation des Unterrichts. In: Zeitschrift für experim. u. angew. Psychologie. 1962, S. 474—508
Tausch, R., H. Köhler, B. Fittkau: Variablen

und Zusammenhänge in der Unterrichtung. In: Zeitschrift für experim. u. angew. Psychologie. 1966, S. 345—365

Tausch, R. u. A.: Reversibilität/Irreversibilität des Sprachverhaltens in der sozialen Interaktion. In: Psychologische Rundschau. 1965, S. 28—42

Tausch, R. u. A.: Erziehungspsychologie. Psychologische Prozesse in Erziehung und Unterrichtung. Göttingen 6. erg. Aufl. 1971

Undeutsch, U.: Zum Problem der begabungsgerechten Auslese beim Eintritt in die Höhere Schule und während der Schulzeit. In: Roth, H. (Hrsg.) 1969

Walz, U.: Soziale Reifung in der Schule. Die sozialerzieherische Bedeutung von Gruppenunterricht und Gruppenarbeit. Berlin/Hannover/Darmstadt 1960

Weber, E.: Erziehungsstile. Donauwörth 3. Aufl. 1972 a

Weber, E.: Der Wandel in den Erziehungs- und Unterrichtsstilen. Sendereihe im „Abendstudio für Lehrer und Erzieher". 8 Vorträge. Bayerischer Rundfunk 1972 b

Weber, E.: Grundfragen und Grundbegriffe. Bd. 1: Pädagogik. Eine Einführung. Hrsg.: E. Weber. Donauwörth 1972 c

Weniger, E.: Didaktik als Bildungslehre. Teil 2: Didaktische Voraussetzungen der Methode in der Schule. Eine Einführung in die Methodenlehre. Weinheim 1960

Wieczerkowski, W.: Einige Merkmale des sprachlichen Verhaltens von Lehrern und Schülern im Unterricht. In: Zeitschrift für experim. u. angew. Psychologie. 1965, S. 502—520

Wilhelm, Th. (Hrsg.): Demokratie in der Schule. Pädagogica Bd. 7. Göttingen 1970

Wolf, R.: Erziehung ohne Zwang — Über einige Grundfragen antiautoritärer sozialistischer Erziehung. In: Hornstein, W. (Hrsg.): Kindheit und Jugend in der Gesellschaft. Dokumentation des 4. Deutschen Jugendhilfetags. München 1970

Wudtke, H.: Erzieherverhalten — Erziehungsstile. In: Hundertmarck, G. u. H. Ulshoefer (Hrsg.): Kleinkinderziehung. Bd. 1: Kind — Familie — Gesellschaft. München 1972

Wurzbacher, G. (Hrsg.): Die Familie als Sozialisationsfaktor. Stuttgart 1968

Sachregister

Aggression 41 f., 65 f., 68, 80
Anerkennung 19, 38
Angst 32, 34, 42, 49, 66, 68, 74, 90
Anpassung 67
Anspruchsniveau **36,** 45, 96
Appell 90
Auflehnung 65
Autorität **85 f.**

Bedürfnis 35, 38, 86
Bedürfnisbefriedigung 36, 94, 99
Befehl 19, **59 f.,** 65 f., 86, 90
Begabung 72, 81
Begabungsförderung 20, 81
Begriffsinhalt 12
Begriffsumfang 12
Begründen 46, 86, 88, 90, 96
Belohnung 19, 37, 45, 46
Beobachtungslernen 33, 42, **48 ff.,** 68, 95

Chancengleichheit 99
Chancenungleichheit 99 f.

Didaktik 26
Dimensionen des Erzieherverhaltens **57 f.**
emotionale Dimension 57 f., 62 ff., 67 ff., 73
Lenkungs-Dimension 57 f., 59 ff., 65 ff., 73
Disziplin 79
Dosierung 47 ff.
Dressur 46
Drohung 19, 40, 48

Effektgesetz 36, 40
Einsicht 42, **45 ff.,** 88
Einzelarbeit 17
Einzelhilfe 18
Emanzipation 85
emotionale Beziehungen **30 ff.,** 40
emotionale Fundierung 30, 95
Enkulturation 49
Entwicklungspsychologie 22
Erfolg 36, 44 f.
Erfolgsvermittlung 36 ff.
Ermahnung 40
Erziehung 11
— antiautoritäre **69 ff.**
— autoritäre **59 ff.**
— direkte 20
— emanzipatorische 46, **85 ff.**
— indirekte **20 f.**
— kompensatorische 101
— moralische 47
— negative 70 f.
Erziehungsabsicht 13
Erziehungserfolg 13
Erziehungsinhalte 12, 25, **26 f.,** 89
Erziehungsinstitutionen 101
Erziehungsmethoden 11, **12 ff.,** 25, 26 f., 54
— Bedingungen der **21 ff.**
— Grenzen der **27 ff.**
Erziehungspraktiken **18 f.,** 24, **30 ff.,** 50, 54, 95
— bewertende 19
— gegenwirkende 34, 35, **40 ff.,** 44 f., 46
— informierende 19
— konditionierende 46
— motivierende 19
— unterstützende **34 ff.,** 44 f., 46, 96
— vorschreibende 19
Erziehungsstil(e) 53 ff.
— antiautoritär-liberaler **69 ff.,** 79 ff.
— antiautoritär-sozialistischer 69, **75 ff.,** 83 f.
— autoritärer, autokratischer 53, 54, 58, **59 ff.,** 96
— demokratischer 54, 58
— dominativer 55, 58
— emanzipatorischer 53, 85, **87 ff.**
— Epochalstil 54
— Grundstile 54
— Gruppenstil 53, 93
— integrativer 55, 58
— Laissez-faire-Stil 54, 58
— persönlicher 53
— schichtenspezifische 53, **93 ff.**
Erziehungsstilforschung **54 ff.**
Erziehungsziele 12, **24 ff.,** 46, 72, 85, 87, 95

Familienerziehung, schichtenspezifische **93 ff.**
Fluchtverhalten 41 f.
Formalstufentheorie 15
Fragen **60 f.,** 66, 88
Freiheit 72 f., **86 f.**
Fremdbestimmung 46, 73, 87
Frontalunterricht 17, 66, 89
Frustration 41, 65 f.
Frustrations-Aggressions-Theorie 41, 65 f.

Gegenwirkung 34, 35, **40 ff.,** 44 f.
Gerechtigkeit 39, 42
Geringschätzung 31, 40, **62,** 67
geschichtlich-kulturelle Lage **24,** 26
Gewalt 83
Glück 72, 77, 80
Gruppenarbeit 17, 18, 89, 92
Gruppenpädagogik 18

halo effect 39
Hilfsmittel, gegenständliche **19 ff.**

Ich-Bezogenheit 63
Integrations-Dominations-Quotient 55
Interessen, kindliche 88
Imitationslernen, vgl. Beobachtungslernen
Irreversibilität **63 f.**, 68

Kinderläden 75 ff.
Koedukation 74
Kontrolle 62
Kooperation 91
Kreativität 74, 92
Kritik 89 f.
am Erzieher 32, 64, 90
am zu Erziehenden 62, 90
Kritische Schule 75 ff.

Laissez-faire 37
Lehrmittel 20, 24
Lehrpläne **14 f.**
Lehrstufen **15 f.**
Leistungsbeurteilung 83
Leistungsmotivation 95, 99
Leistungsunterschiede 100
Lernen 12, 15
— durch Beobachtung, vgl. Beobachtungslernen
— durch Erfolg 33, **35 f.**, 80
— durch negative Verstärkung **40**
— durch positive Verstärkung **35 f.**
Lerninhalte 20, 24
Lernmittel, 20, 24
Lernschritte 15 f.
Lob 19, 37, 44, 45, 46
logische Folgen **42 ff.**

Mensch
— von Natur aus aggressiv 80
— von Natur aus gut 70, 72, 80
Methode 11, 12
Methodik 13
Mißerfolg 40, 44 f.
Modellernen, vgl. Beobachtungslernen
Modellverhalten 42, **48 ff.**, 90, 91
Mündigkeit 46, 85, **87 f.**

natürliche Folgen 43, 70
Nebenwirkungen, unerwünschte 41
Neugier, kindliche 88, 96

Pädagogik vom Kinde aus 70, 86
Partnerarbeit 17
Person des zu Erziehenden **21 ff.**, 26, 28
Phantasie 74, 92
politische Bewußtseinsbildung 78 f., 92
politisches Engagement 77, 92
Politisierung der Erziehung 77 ff., 83 f.
Problemsicht 88, 92

Quasi-Gesetze 29
Quasi-Theorien 29

revolutionäre Veränderung 77, 83 f.
reziproke Affekte **31,** 32, 40

Schätzskala 57 f., 62
Schülermitverantwortung, -mitbestimmung 73, 76, 92
Schulerfolg **99 ff.**
Selbständigkeit 67, 87, 90, 96
Selbstbestimmung 28, 46, 87, 90
Selbsttätigkeit 16
Selbstvertrauen 32, 90, 96, 99
Sexualerziehung 74 f., 76 f., 82
Signale **51 f.**
Sozialformen **16 ff.**, 54
social case work 18
social group work 18
Sozialschichten 93 ff.
Spiel 74
Spielmaterial 20
Sprachbarrieren 99 f.
Sprachstil, schichtenspezifischer **97 ff.**
— elaborierter 98
— formaler 98 f.
— öffentlicher 98
— restringierter 98
Sprechen, Ausmaß des 51 f., **61,** 66
Störungsbereitschaft 66
Strafe 19, **40 ff.**, 45, 46, 48, 86

Tadel 19, 40, 44, 45, 46, 86

Überlegenheit 85 f.
Umwelt 28
Umweltbedingungen 19 ff., 54
— soziokulturelle 22, 70, 93 ff.
Unfreiheit 87
Unselbständigkeit 66, 86
Unterricht 11
Unterrichtsbesuch 73, 81
Unterrichtsgespräch 17
Unterrichtsmethode 11
Unterstützung **34 ff.**, 44 f.

Veranlagung 28
Verbalisieren von Verständnis 31, **33 f.**
Verfrühung 23
Verhaltensvertrag 44
Vermeidungslernen 35, **40,** 43
Verspätung 23
Verständnis, Verstehen 31, **33 f.**, 40, 71, 86, 91
Verständnislosigkeit **63,** 68

Verstärkung
— extrinsische 37
— intermittierende 39
— intrinsische 37
— materielle 37
— negative 35, **40 f.**, 43
— positive **35 f.**, 45, 80
— soziale 37
Vertrauen 34, 68, 86
Vertrauensvorschuß 37, 87

Vorbild, vgl. Modellverhalten
Vorschulerziehung 20, 101

Wachsenlassen 70 f.
Wahrscheinlichkeit 29, 65, 100
Wertschätzung **31 ff.**, 34, 37, 40, 70, 72, 86
Wiedergutmachung **42 ff.**
Willensfreiheit 28

Zurückhaltung 47 ff.